Willi Lambert

Exerzitien – das Leben beleben

Ignatianische Impulse
Herausgegeben von Stefan Kiechle SJ, Willi Lambert SJ und Stefan Hofmann SJ
Band 90

Ignatianische Impulse gründen in der Spiritualität des Ignatius von Loyola. Diese wird heute von vielen Menschen neu entdeckt.

Ignatianische Impulse greifen aktuelle und existentielle Fragen wie auch umstrittene Themen auf. Weltoffen und konkret, lebensnah und nach vorne gerichtet, gut lesbar und persönlich anregend sprechen sie suchende Menschen an und helfen ihnen, das alltägliche Leben spirituell zu deuten und zu gestalten.

Ignatianische Impulse werden begleitet durch den Jesuitenorden, der von Ignatius gegründet wurde. Ihre Themen orientieren sich an dem, was Jesuiten heute als ihre Leitlinien gewählt haben: Christlicher Glaube – soziale Gerechtigkeit – interreligiöser Dialog – moderne Kultur.

Willi Lambert

Exerzitien – das Leben beleben

echter

Klimaneutral
Druckprodukt
ClimatePartner.com/12514-2101-1015

Der Umwelt zuliebe verzichten wir bei unseren Büchern auf Folienverpackung.

Bibliografische Information der Deutschen Nationalbibliothek

Die Deutsche Nationalbibliothek verzeichnet diese Publikation in der Deutschen Nationalbibliografie; detaillierte bibliografische Daten sind im Internet über <http://dnb.d-nb.de> abrufbar.

www.echter.de
Druck und Bindung: Friedrich Pustet, Regensburg
ISBN
978-3-429-05605-6
978-3-429-05146-4 (PDF)
978-3-429-06528-7 (ePub)

Inhalt

Vorwort

Das Kurzgespräch in einer Münchner S-Bahn verlief einige Stationen lang angenehm. Sie kam aus Dresden und ich erzählte, dass ich seit kurzem in Dresden-Hohen-Eichen in einem Exerzitienhaus der Jesuiten Exerzitien begleiten würde. Da bemerkte nach kurzem Zögern mein Gegenüber in etwas fragend-besorgtem Ton: »Ja, das kann aber doch auch tödlich sein!?« Darauf ein Stutzen meinerseits, bis mir kam, sie habe wohl einen Film gesehen oder eine Zeitungsmeldung gelesen, wo von einem Exorzismus, einer Teufelsaustreibung, mit tödlichem Ausgang, berichtet wurde. Natürlich versuchte ich zu erklären, dass Exerzitien eigentlich Hilfe zur Belebung des Lebens eines Menschen sein wollen und dieses Aufleben auch immer wieder geschieht. Exerzitien seien nicht in dem von ihr befürchteten Sinn lebensgefährlich, sondern lebensförderlich: Exerzitien – das Leben beleben.

Lebensweg – Exerzitienzeit

Im vorliegenden Beitrag soll auf vielfältige Weise von Exerzitien als Lebens-Hilfe gesprochen werden und auch umgekehrt vom Leben als ständigem Exerzitienprozess. Leben aus einer geistvollen Inspiration und Exerzitien als Lebensförderung im besonderen Rahmen bzw. Setting von »geistlichen Übungen« (exercitia spiritualia).

Die Hinweise dazu liegen auf vielerlei Ebenen. Sie bieten Anknüpfungen an das Exerzitienbuch und Lebensereignisse von Ignatius, Erfahrungen und Geschehnisse auf dem Lebens- und Glaubensweg, persönliche Zeugnisse, spirituelle Texte, Anleitungen zu biblischen Betrachtungen und Lebensbesinnungen, Alltägliches und Gipfelerlebnisse. Es ist eine Mischung, wie auch das Leben eine reiche Mischung ist. Die einzelnen Kapitel orientieren sich in etwa am Ablauf des Exerzitienbuches: Zuerst folgen Ausführungen zu den umfangreichen Vorbemerkungen, dann das Prinzip und Fundament als Leitlinie und Grundausrichtung für den ganzen Weg. Die sog. erste Exerzitienwoche lenkt den Blick auf die lebensfeindlichen und grausamen Finsternisse unserer Weltzeit und auf Erlösung, Befreiung, Auflichtung und Versöhnung. Die sog. zweite und dritte und vierte Woche sind ein geistlicher Weg mit Jesus, in dem »die Güte und Menschenfreundlichkeit Gottes, unseres Retters, erschien« (Titus 3,4).

Die innerliche Wahrnehmung des Lebens, Sterbens und der Auferstehung Jesu will und kann sich prägend auf das eigene Leben auswirken. Der Wanderprophet Gottes verwandelt im Mitgehen unseren eigenen »Lebenswandel« und erschließt nach dem Zeugnis vieler »Anhänger des Weges Jesu« (Apg 1–2) einen »neuen und lebendigen Weg« (Hebr 10,19), zusammengefasst in der Selbstbezeichnung: »Ich bin Weg, Wahrheit und Leben« (Joh 14,6).

Fürs Nachschauen

BU = Briefe und Unterweisungen (hg. von P. Knauer)
EB = Nummer aus dem Exezitienbuch (übersetzt von P. Knauer)
GT = Gründungstexte der Gesellschaft Jesu (hg. von P. Knauer)

Zitate aus BU und GT werden jeweils mit Seitenzahlen angegeben.

Ignatius schreibt einmal an seinen ehemaligen Beichtvater in Paris, die Exerzitien seien »das Allerbeste, was ich in diesem Leben denken, verspüren und verstehen kann, sowohl dafür, dass sich der Mensch selber nützen kann, wie dafür, Frucht zu bringen und vielen anderen helfen und nützen zu können« (EB 655). Möge sich diese Aussage beim Lesen und Eingehen auf die Anregungen ein wenig erfahrbar machen.

Willi Lambert SJ

I. Ignatianische Vorbemerkungen

Das Exerzitienbuch – ein spiritueller Bestseller

Wie ein Buch betitelt ist und beginnt, ist oft schon kennzeichnend für den Autor, für den Inhalt und Stil. Der Titel des spirituellen Bestsellers von Ignatius lautet einfach »Geistliche Übungen« (exercitia spiritualia) und die erste Überschrift des Exerzitienbuches ist gleich ein ganzer Satz: »Anmerkungen, um einige Einsicht in die folgenden Geistlichen Übungen zu erlangen und damit sowohl der, der sie geben, wie der, der sie empfangen soll, Hilfe erlangen (EB 1). In diesem Sinn soll zu Beginn geklärt werden, was »geistlich« meint, was die Rolle des »Übens« und was Ziel und Methode von Exerzitien sind. Dies soll dann weiter entfaltet werden im Blick auf einige der 20 Vorbemerkungen, mit denen das Exerzitienbuch beginnt. Sie erweisen Ignatius als einen Menschen, dem es um Sinnziel und Weghilfe geht. Das Exerzitienbuch habe – so eine fromme Bemerkung – mehr Menschen auf dem Weg zur Heiligkeit geholfen, als es Buchstaben zähle. Ziel und Weg benennt Ignatius in der ersten Vorbemerkung des Exerzitienbuches: Geistliche Übungen, um im Blick auf Gottes Liebeswillen in wachsender Freiheit ein Leben im Lieben zu gestalten (vgl. EB 1). Dabei ist besonders wichtig zu sagen: »Nicht das viele Wissen sättigt und befriedigt die Seele, sondern das Innerlich-die-Dinge-Verspüren und Schmecken« (EB 2).

Besinnung auf das Leben

Ein altes Werbeplakat für Zigaretten zeigt junge Menschen, Strand, Sonne, Meer mit der Aufschrift »That's life« – »Das ist Leben!« Darunter steht: »Der Gesundheitsminister warnt: Rauchen kann tödlich sein!« Diese Doppelbotschaft legt die Frage nahe: Was ist Leben wirklich und was ist lebensgefährlich? Dies sind wohl Fragen jedes Menschen, dem es ums Leben und ums ganze Leben geht. Es lohnt sich, im Buch des eigenen Lebens zu blättern und sich zu fragen:

- Was kommt mir spontan zur Frage, was Leben für mich bedeutet? Welche Menschen, Worte, Fotos mit Unterschriften, helle und dunkle Stunden lassen mich dies sehen?
- Was wären Kapitelüberschriften für meine Autobiographie?
- Ein Gang auf einem Friedhof kann fragen lassen: Welchen Grabspruch, welche Todesanzeige würde ich wählen und wie sähe mein geistliches Testament aus?
- Was gehört zu Gipfelerlebnissen, was zu den Abgründen meines Lebens?
- Wann war dies und jenes zum ersten oder zum letzten Mal?
- Was waren Anfänge und wann gab's ein Aufhören?
- Welche inneren Regungen und Haltungen wie etwa Freude, Angst, Ohnmacht, Wut, Hass, Liebe, Freisein kenne ich?
- Wofür möchte ich leben und wofür sterben?
- Was bedeutet für mich »Leben in Fülle«? (Joh 10,10; vgl. 17,3). Für Jesus war es die Liebe und er fragt: Was nützt es einem Menschen, wenn er die ganze Welt gewinnt, dabei aber sein Leben ein-

büßt? Um welchen Preis kann ein Mensch sein Leben zurückkaufen?« (Mt 16,25f.).

Begeistert leben: Früchte des Geistes

Die Formulierung »Geistliche Übungen« legt zunächst die Frage nahe, was mit »geistlich« und »Geist« gemeint sein soll. Der Sprachgebrauch gibt Auskünfte: Teamgeist, Klassengeist, Geisterbahn, Begeisterung, Heiliger Geist, böser Ungeist, geistvoll und geistesgestört. Früher nannte man Priester nicht selten »Geistliche« und es wird um »geistliche Berufe« gebetet.

Ich erinnere mich daran, dass meine Mutter gelegentlich mit einem etwas leisen, andachtsvollen Ton in der Stimme sagte: »Die Tante Maria hält sehr viel vom Heiligen Geist.« Es muss mehr gewesen sein als der Rat, man solle bei einer Prüfung zum Heiligen Geist beten. Was hat es mit dem Heiligen Geist auf sich? Gibt es ihn nur auf der Geisterbahn oder mitten in unserem Leben? Die vielleicht einfachste Annäherung an seine Wirklichkeit ist der Verweis auf die bildhafte Sprache der ersten Christen von den »Früchten des Geistes«. Von Früchten lebt man. Eine Reihe davon zählt Paulus auf: »Liebe, Freude, Friede, Langmut, Freundlichkeit, Güte, Treue, Sanftmut und Selbstbeherrschung« (Gal 5,22). Sind diese geistlichen Haltungen nicht lebensspendend und nah am alltäglichen Leben? Ob Menschen einander liebevoll oder missachtend begegnen, macht einen Unterschied und ebenso, ob jemand Mitempfinden hat oder alles an ihm wie an einer Plastikhaut abläuft. So ließe es sich vielfach weiterformulieren. Innere Haltungen äußern sich im konkreten Leben als freundlicher Gruß, als Krankenbesuch, als angemessene Rücksichtnahme auf Nähe und Abstand nicht nur in der Zeit der Pandemie, als Hausaufgabenhilfe, Verlässlichkeit und Treue, verständnisvolles Zuhören, finanzielle Unterstützung und all die vielfältigen Weisen des Begegnens.

Die Wirklichkeit des Geistes zeigt sich auch durch die Nennung der Früchte des Ungeistes, in der Bibel oft mit dem Wort vom verderblichen und verwesenden »Fleisch« bezeichnet. Dazu zählt Paulus: »Unzucht, Unsittlichkeit, ausschweifendes Leben, Götzendienst, Zauberei, Feindschaften, Eifersucht, Jähzorn, Eigennutz, Spaltungen, Parteiungen, Neid und Missgunst, Trink- und Essgelage und Ähnliches mehr« (vgl. Gal 5,13–26). Der doppelte spirituelle Speisezettel stellt die Frage: Wovon nähren wir uns? Sind es Giftstoffe oder lebensfördernde Seelenspeisen? Paulus schreibt in seiner kräftigen Sprache: »Das ganze Gesetz ist in einem Wort zusammengefasst: Du sollst deinen Nächsten lieben wie dich selbst. Wenn ihr einander beißt und verschlingt, dann gebt acht, dass ihr euch nicht gegenseitig umbringt« (Gal 5,14f.).

Die geistlichen Übungen von Ignatius sind ein Beitrag zur Nahrung des inneren, des seelischen Menschen. Da geht es in erster Linie nicht um Kilokalorien, vegetarisches, veganes Essen, sondern um die spirituelle Gewichtung: »Das Gewicht der Seele ist die Liebe«, so Ignatius. Exerzitien sind eine Art Diät und Reha-Zeit der Seele und beleben mit der Frage: »Wes Geistes Kind bin ich?« Die vielgenannte »Kirchenkrise« ist wesentlich eine Heilig-Geist-Vergessenheit.

Exerzitien – Leben einüben

Exerzitien, exerzieren stammt vom Lateinischen exercere, was »üben« bedeutet, und dies wiederum kommt aus der Formulierung »ex arce«, d.h. aus der Burg herausgehen. Das Heer übt sich, um im Notfall für den Kampf, den Schutz bereit zu sein. Für Ignatius gehörte das Üben von höfischen Sitten, diplomatischer Sprache und Verhandlungsführung, Verwaltungsaufgaben bis hin zum Training mit Waffen zum täglichen Geschehen; Letzteres liebte er besonders.

Leben lebt vom Üben, vom Einüben und Ausüben. Was gibt es, was ohne Üben geht? Sprechen, Singen, Musizieren, Arbeiten, berufliches Tun, Gesprächsführung, Entscheiden, Training beim Sport, Beziehungskultur, Tugenden, innere Haltungen, Wissenschaft mit ihren Experimenten. Gewohnheiten und alles Lernen sind ganz wesentlich verbunden mit Üben. Übung ist ein wiederholtes Tun auf ein bestimmtes Ziel hin und mit bestimmten Methoden. Das mag streckenweise anstrengend, ermüdend, langweilig und langwierig sein und nur mit Geduld und Lernbereitschaft und mit demütigem Repetieren zum Ziel führen. Es ist, wie Otto Friedrich Bollnow in seinem Buch »Vom Geist des Übens« schreibt: »Vom Kennen zum Können führt nur das Üben.« Und eine wesentliche Botschaft ist der vielsagende Titel des Bestsellers von Erich Fromm: »Die Kunst des Liebens«. Viele Liebesbeziehungen scheitern seiner Erfahrung nach daran, dass Liebe mit Verliebtheit verwechselt wird. Liebe wächst nur im gegenseitigen Lernen und Üben; man könnte auch sagen durch Inspiration und Transpiration.

Üben ist ein Akt der Hoffnung

In diesem Wort kommt zum Ausdruck, dass Üben nicht ein stures, sozusagen absichts- und hirnloses Wiederholen ist, sondern einem Sinn und Zweck dient. Dies wird auch deutlich, wenn man der Wortwurzel von Üben, nämlich »uoben«, nachgeht. Es bedeutet laut Lexikon: pflegen, bebauen, verehren. Die vermutlich aus dem bäuerlichen Bereich stammenden Menschen sahen im Prozess des Wachsens sozusagen drei Dimensionen: Man muss ein Feld bebauen, dann das Ausgesäte pflegen und schließlich müssen sie offensichtlich das ganze Geschehen mit einer Art Ehrfurcht wahrgenommen haben. Dieser Dreiklang bestätigt sich durch das lateinische Wort colere. Beim Lernen musste man sich die Sache einprägen: colere heißt pflegen, bebauen, verehren. Das Geschehen von Kultur und Kult kommt von dorther.
Wie differenziert und vielgestaltig das Üben ist, zeigt sich in einem etwas unbekannten Text aus dem zweiten Brief von Petrus. Er liest sich wie eine Treppe, auf der man bei jedem Wort innehalten kann: »Alles, was für unser Leben und unsere Frömmigkeit gut ist, hat seine göttliche Macht uns geschenkt, darum setzt allen Eifer daran, mit eurem Glauben die Tugend zu verbinden, mit der Tugend die Erkenntnis, mit der Erkenntnis die Selbstbeherrschung, mit der Selbstbeherrschung die Ausdauer, mit der Ausdauer die Frömmigkeit, mit der Frömmigkeit die Brüderlichkeit und mit der Brüderlichkeit die Liebe. Wenn dies nämlich bei euch vorhanden ist und wächst, dann nimmt es euch die Trägheit und Unfruchtbarkeit für die Erkenntnis unseres Herrn Jesus Christus« (2 Petr 1,3–8).

Sich disponieren – Gnade und Mitwirken

Die Übungen, so Ignatius, sollen helfen, »sich vorzubereiten« (se disponer), so wie man den Empfang eines Gastes vorbereitet. Wer sich darauf freut, die Begegnung ersehnt, wird tun, was er dafür tun kann. Die Zusage, das Kommen des Gastes sind dessen Entscheidung und Wirken, dessen Geschenk, dessen Gnade. Bedeutsam ist, dass Gott selber den Menschen zu dessen Tun disponiert (EB 20). Diese doppelte Disposition ist kurzgefasst die ignatianische Theologie, in der sich Gottes Gnade und menschliches Mitwirken vereinen. Dies ist eine Sichtweise, die immer wieder auch im ökumenischen Dialog erstaunt und dankbar verstanden und angenommen wird. Dies wird auch noch dadurch verstärkt, dass es in einer Vorbemerkung heißt, die begleitende Person solle »unmittelbar den Schöpfer mit dem Geschöpf wirken lassen und das Geschöpf mit seinem Schöpfer und Herrn« (EB 15).

Das Leben – ein Frommwerden

Das Leben ist nicht ein Frommsein,
sondern ein Frommwerden;
nicht eine Gesundheit, sondern ein Gesundwerden;
nicht ein Sein, sondern ein Werden;
nicht eine Ruhe, sondern eine Übung.
Wir sind's noch nicht, wir werden's aber.
Es ist noch nicht getan oder geschehen,
es ist aber im Gang und im Schwang.
Es ist nicht das Ende, es ist aber der Weg.
Es glüht und glänzt noch nicht alles,
es reinigt sich aber alles.
(Martin Luther)

Auf dem Weg des Lebens

»Alles wirkliche Leben ist Begegnung« – dieses oft zitierte Wort des Religionsphilosophen Martin Buber weist darauf hin, dass wir, dass alles nur lebt in und durch Beziehung; durch Beziehung mit andern, mit der Natur, mit uns selber – und mit Gott, dem Ursprung allen Seins. Ein wenig buchstabenspielerisch kann man neun menschlich-existentielle Stationen des Lebensweges mit Zwischenüberschriften überschreiben, die allesamt mit »G« beginnen. Es sind dies auch die geistlichen Landschaften des Exerzitienweges. Wo jemand gerade steht, welche geistlichen Schritte »dran« sind und welche Wandlungen, das zeigt sich auf dem Weg.

Geschaffen

»Der Mensch ist geschaffen.« Mit dieser Aussage beginnen die Exerzitien. Geschaffen sein heißt, alles, was wir sind, wahrzunehmen: unsere Wirklichkeit, unsere Freuden und Schmerzen, unsere Erfüllungen und unsere Begrenztheiten, unsere Hoffnungen und Befürchtungen, unsere Lebensgeschichten, unser Suchen und Finden, unser Leben und Sterben. Was hier in allgemeinen Begriffen benannt wird, lässt sich in tausend Geschichten erzählen. – Was löst dieser Blick in uns alles aus? Staunen, Erschütterung, Dankbarkeit, Lobpreis, Aufstöhnen, Fluchen, Ehrfurcht, Anbetung, Lieben? Und was »gibt« mir die Botschaft Jesu, wir seien Geschöpfe, Kinder, Söhne und Töchter Gottes und untereinander Geschwister; und Gott habe »Wohlgefallen an uns«? (vgl. Ps 18,20).

Gefallen

Die Welt wird nicht als permanenter Idealzustand erfahren, sondern als »gefallene Welt«. Als Welt, die in ihrem Wahnsinn dem Ursinn und ihren Möglichkeiten nicht entspricht. Kennzeichen dieser Welt sind vielfach: Machtgier, Lügen, Gewalttätigkeit, Grausamkeit, Gleichgültigkeit, Beziehungslosigkeit, Sucht, Verzweiflung, »die Hölle auf Erden«, wie manche sagen. Dies ins Bewusstsein kommen zu lassen mit dem Verwoben-Sein in ein Netz der Lebensfeindlichkeit und Liebesarmut (»Erbsünde«), mit Verletzungen, die man erlitten oder zugefügt hat, abgeleugnete Eigenschuld, Unversöhntsein, das ist eine harte Schule der Wahrheitsfindung; sie kann im biblischen Sinn aber auch erfahren werden als »Wahrheit, die freimacht« (Joh 8,32). Lebbar ist dies nur im Vertrauen auf Gottes Geist.

Gerettet

Die Rettung aus Seenot bzw. der Untergang von Menschen im Mittelmeer wird uns seit Jahren fast täglich vorgeführt. Es gibt Todesdrohung nicht nur auf den Meeren der Zeit, sondern in vielen Situationen, Lebensnöten, Missbrauchserfahrungen, Grausamkeiten, die einem die »Lust am Leben« genommen bzw. erst gar nicht entstehen haben lassen. Zugleich aber gibt es Menschen, die durch das Zusammenspiel von Barmherzigkeit und Gerechtigkeit Befreiung und Rettung erfahren von den Götzen der Leistung, der Anerkennungssucht und der Selbstverherrlichung. Das Evangelium ist voll von Geschichten der Vergebung, Verzeihung, Erbarmung (vgl. Lk 15). »Wir bitten euch an Christi statt, lasst euch mit Gott versöhnen«, so schreibt Paulus (2 Kor 5,20).

Geliebt

Der Weg der Exerzitien will nur eines: Liebe leben lernen – von Christus, in dem »die Güte und Menschenliebe Gottes, unseres Retters, erschienen ist« (Tit 3,4). Jede biblische Betrachtung ist im Grunde eine Liebesgeschichte. Und Jesus selber zeigt sich im Heiligen Geist als »Weg, Wahrheit, Leben«, als konkrete Liebe (Joh 14,6). Die Tiefe und Weite dieses Geschehens findet sich in der »Betrachtung, um Liebe zu erlangen« (EB 230–237).

Gerufen

Jesus ruft Menschen zu sich auf den Weg der »Nachfolge« und in seine Gemeinschaft, damit sie so Menschen seines Geistes werden. Er lässt sie miterleben, was er und wie er lebt; wie er redet, betet, empfindet, handelt, dient und ein Beispiel gibt. »Christus erkennen, lieben, nachfolgen« – dies ist die Richtung, die Ignatius in den Exerzitien mit auf den Weg gibt. Auf diesem Weg kann Befreundung wachsen, wie Christus sagt: »Ich nenne euch nicht mehr Knechte … vielmehr habe ich euch Freunde genannt, denn ich habe euch alles mitgeteilt, was ich von meinem Vater gehört habe« (Joh 15,15).
Gerufen sein heißt, sich zum »Ja« Jesu zu entscheiden, der das Ja zu allen Verheißungen Gottes ist und in dem auch wir das »Ja« und »Amen« zu Gott sagen können. In seinem Geist sind wir Gemeinschaft, Leib Christi, Kirche und »nicht Herren des Glaubens, sondern Mitarbeiter zur Freude« (vgl. 2 Kor 1,15–24).

Gekreuzigt

»Wer nicht sein tägliches Kreuz auf sich nimmt, kann nicht den Weg mit mir gehen!« (Lk 9,23). Dies bedeutet nicht, tägliche Folterung zu ertragen, aber doch manchen Kampf durchzustehen – um der Wahrheit und Liebe willen. Die Seligpreisungen sind Situationen der Nachfolge Jesu Christi. Es gilt, mit Spannungen gut zu leben zu versuchen und das Wort zu beherzigen: »Einer trage des anderen Last, so erfüllt ihr das Gesetz Jesu Christi« (Gal 6,2). Freilich kann es auch einmal bedeuten, am Kampf auf dem Ölberg teilzunehmen, wo einen das Leben und die Sendung, in der man lebt, »ins Schwitzen bringen« und zu entgleiten drohen. Die Worte des Gekreuzigten »Mich dürstet«, »Vater, warum hast Du mich verlassen?« können einem da nahekommen. Vielleicht aber auch: »In deine Hände lege ich meinen Geist«, vielleicht kann da eigenes Leben zum Ausdruck kommen.

Geweckt

Es gibt nicht nur das morgendliche Verschlafen oder Aufwecken. Man kann auch das Leben verschlafen auf vielfache Weise: vor lauter Übermüdung, vor Dummheit, vor Angst, vor Uninteressiertheit, Hoffnungslosigkeit. Eine zentrale Erfahrung der Jünger Jesu war: Er ist auferweckt worden und wir mit ihm. Das heißt, dass der Tod nicht das letzte Wort hat. Christliche »Lebensanschauung« lebt mit der Hoffnung, dass die Liebe stärker ist als Sünde und Tod. – Wo erfahren wir, was wir singen: »Manchmal feiern wir mitten im Tag ein Fest der Auferstehung« (Gotteslob 472)? Überall dort, wo Lieben geschieht, wo wir Versöhnung suchen, wo wir die Hoffnung nicht mit dem Tod sterben lassen: »Weil wir einander lieben, wissen wir, dass wir vom Tod ins Leben übergegangen sind. Wer nicht liebt, bleibt im Tod« (1 Joh 3,14).

Gesandt

Gesandt sein heißt, einen Auftrag zu erfüllen, für andere ein Evangelium, d.h. eine frohe Botschaft, zu sein. Mag sein, dass wir uns als Gesandte, wenn auch nicht immer als sehr geschickte, erfahren; in jedem Fall sind wir füreinander Botschaft, gute oder manchmal auch schlechte. Wir sind es in allem: in unserer Ausstrahlung, unseren inneren Haltungen, unserm Reden und Tun und Verhalten. Missionarisch sein heißt, das, was einem Leben und Freude und Hoffnung schenkt, zu teilen, mitzuteilen. »Die Liebe besteht im Mitteilen von beiden Seiten« (EB 231), schreibt Ignatius.

Geerdet

Geerdet, das meint, dass alle »hohen Gedanken«, tiefen Einsichten, Erkenntnisse, Vorsätze, Projekte, außerordentlichen Tage wie etwa Exerzitien sich im Ernstfall des Lebens, d.h. im Alltag, bewähren müssen. »Und das Wort ist Fleisch geworden«, heißt es (Joh 1,14) und auch: »Was schaut ihr zum Himmel?« (Apg 1,11). – Er »ist von den Toten auferstanden und siehe, er geht euch voraus nach Galiläa, dort werdet ihr ihn sehen« (Mt 28,7). Gott ist vor Ort. Er ist »in allem«, wie Ignatius schreibt: in allem Reden, Denken, Tun, Lassen, Atmen, Arbeiten, Ruhen und in allen Lebensphasen. »Dort« werdet ihr ihn finden. Dieses Sehnen und Suchen und Erfahren von Gegenwärtigkeit geschieht in der Bis-Zeit. So wie es in der Eucharistie heißt: »Geheimnis des Glaubens – deinen Tod, o Herr, verkünden wir und deine Auferstehung preisen wir, bis du kommst in Herrlichkeit.«

Voreinstellungen in einer »Dreiecksgeschichte«

»Wie wird es diesmal gehen?«, das fragen auch Menschen, die schon öfters auf dem Exerzitienweg waren. Wie wird es sein mit der »Dreiecksgeschichte« von mir, Gott und dem begleitenden Menschen? Die 20 Vorbemerkungen des Exerzitienbuches haben diese Fragen zum Inhalt: Die Haltung und das Verhalten der begleitenden Person soll zuhörend, freilassend, ermutigend, hinweisend, fragend, nicht ausforschend und der Individualität der Einzelnen entsprechend sein. Die Begegnung soll auf gleicher Augenhöhe geschehen und sie soll vor allem darauf vertrauen, dass Gottes Geist tragend und leitend ist.
Gott wird als der gesehen, von dem und auf den hin alles ist, der den suchend-übenden Menschen selber vorbereitet und begleitet und umarmt und Liebe schenkt und weckt (vgl. EB 15).

Großherzig und freigebig

»Da kommt nicht viel heraus …«, »das ist die große Chance für dich …«, »das schaffe ich kaum …«, »Vorsicht, Vorsicht!« Solche und eigentlich alle optimistischen, pessimistischen und sonstigen Voreinstellungen haben ihre Bedeutung für eine Begegnung, ein Projekt, ein Vorhaben. Man spricht dabei manchmal von »sich selbst erfüllenden Prophezeiungen«. Dies gilt für das alltägliche Leben und für Exerzitienzeiten ebenfalls. In der fünften Vorbemerkung im Exerzitienbuch spricht Ignatius das Thema Voreinstellungen an: »Für den, der die Übungen empfängt, ist es sehr nützlich, mit Großmut und Freigebigkeit gegenüber seinem Schöpfer und Herrn in sie einzutreten« (EB 5). Im spanischen Text heißt es »con grande animo« und mit »liberalidad«, also mit einem großen Geist und mit Freiherzigkeit darauf zuzugehen, nicht mit Kleingeisterei und Engherzigkeit.

Was kann dies alles bedeuten? Zunächst einmal, selber zu prüfen, wie man »so drauf« ist, welche inneren Voreinstellungen und Haltungen einen bewegen:

Bin ich hoffnungsgeladen oder auch mehr ängstlich? Sind es die üblichen Jahresexerzitien oder erwarte ich etwas Besonderes? Suche ich einen geistlichen Urlaub und vor allem Ruhe von der Alltagshektik oder etwas anderes? Bin ich bereit, mich überraschen zu lassen? Macht mir etwas Angst vor dem Geschehen der Tage? Meine ich, es müsse »unbedingt« etwas geschehen und entschieden werden? Denke ich etwas kindlich: Danach müsste ein Problem ganz und für immer gelöst sein?

Worauf hin richtet sich meine Sehnsucht, mein Wunsch für diese Tage? Fühle ich mich bereit, auch durch schwierige Momente wie Unsicherheit, Trockenheit, Ängste hindurchzugehen? Brauche ich jetzt Exerzitientage oder stünde für mich eher ein Kurs an für Kommunikation, Entscheidungsfindung, Verhaltenstraining oder irgendeine Weise von therapeutischer Hilfe oder auch eine echte Urlaubszeit? Was ist meine Voreinstellung gegenüber der geistlichen Begleitung und der anbietenden Institution? Fühle ich in mir eine Bereitschaft dazu, mich, meine Person, mein Leben nach dem Liebeswillen Gottes auszurichten?

Schweigen: Genug vom Zuviel

»Ob ich das aushalte?«, ist immer wieder die Frage von Menschen, die an Schweigeexerzitien teilnehmen. Fast alle erfahren aber dann Schweigen und Stille als ein wesentliches Element für das Gelingen der Tage und als Konfrontation mit sich selber und Begegnung mit Gottes Geist.

Was man so sehr wünscht

Ignatius setzt Stille und Schweigen als selbstverständlich voraus, gebraucht aber nicht oft das Wort Stille, sondern schreibt ganz nach seiner pragmatischen Art: Man wird »in den Exerzitien normalerweise umso mehr Nutzen ziehen, je mehr der Exerzitant sich von allen Freunden und Bekannten und von jeder irdischen Sorge absondert; etwa indem er aus dem Haus zieht, wo er wohnte, und ein anderes Haus oder Zimmer nimmt, um darin so geheim wie möglich zu wohnen, so dass es in seiner Hand liegt, jeden Tag zur Messe und zur Vesper zu gehen, ohne Furcht, dass seine Bekannten ihm ein Hindernis bereiten« (EB 20). Heute würde Ignatius sicher noch hinzufügen: zuvor möglichst alles zuhause gut ordnen, vereinbaren, dass das Handy nur für Unvorhersehbares und außerordentlich Wichtiges bereitliegt. Manche müssen dann in Exerzitien geradezu mit Entzugserscheinungen kämpfen, aber können dies auch als eine Einübung in Freiheitsgewinnung erfahren. Es kann die Erkenntnis bringen: Geräusch muss man machen, Stille ist. Wenn

das Laute leiser wird, sagt die Stille: Ich bin schon da. Kannst du mich hören und das, was sich zu Gehör bringen will?
Als spirituelle Vorteile der »Absonderung« nennt Ignatius unter anderem: »Je mehr sich unsere Seele allein und abgesondert findet, um so geeigneter wird sie, sich ihrem Schöpfer und Herrn zu nähern und zu ihm zu kommen; und je mehr sie ihm so nahe kommt, desto mehr stellt sie sich darauf ein, Gnaden und Gaben von seiner göttlichen und höchsten Güte zu empfangen« (EB 20).

Alltäglich mit der Stille leben

Es gibt eine Fülle von Sprichwörtern, die auf verschiedene Weise auf Sinn und Wert von Schweigen und Stille auch im Alltag hinweisen: »Reden ist Silber, Schweigen ist Gold«; »Man muss nicht alles, was wahr ist, sagen, aber was man sagt, muss wahr sein.« Thomas von Aquin gibt eine heftige Deutung: »Die Unfähigkeit zu schweigen ist eine Tochter der Verzweiflung.« Ignatius weist darauf hin, bei Gesprächen solle man zuerst hören, nachdenken und sich einfühlen und dann kurz innehalten und sich fragen, ob es besser ist, zu antworten bzw. nachzufragen oder zu schweigen. Außerdem ist die Diskretion, die Fähigkeit ein Geheimnis zu bewahren, für ihn ein hohes Gut für die Kommunikation.

Jesus – das Wort aus dem Schweigen

»Und das Wort ist Fleisch geworden« – so beginnt das Evangelium des Johannes. Jesus verkündet die Botschaft Gottes mit »Vollmacht, nicht wie die Schriftgelehrten und Pharisäer«; und das »Volk ist voll Staunen«. Manchmal beendet Jesus eine Diskussion mit einem einzigen Satz: »Soll man dem Kaiser Steuern zahlen? … Gebt dem Kaiser, was des Kaisers ist, und Gott, was Gottes ist!« (Mt 22,21). Seine Gleichnisse sind gleichermaßen einfach wie wegweisend. Die Geschichte vom »barmherzigen Samariter« etwa ist geradezu zu einer Welt-Geschichte geworden.

Jesus ist mächtig im Wort und im Tun, ja, er wird als »das Wort Gottes« in Person gesehen. Und zugleich lebt Jesus auch aus dem Schweigen heraus und bringt zum Schweigen. Er kann sagen: Wenn ihr meine Frage nicht beantwortet, dann beantworte ich die eure auch nicht. Vor Pilatus und dem Volksgeschrei schweigt er, weil mit Worten nichts mehr zu sagen ist. Vor allem aber kommt sein ganzes Reden und Handeln aus der stillen Begegnung mit seinem Abba, seinem Vater. Immer wieder zieht er sich zurück, manchmal auf einen Berg, »er allein« (Joh 6,15); und wenn er sich zu Gott hin ausgesprochen hat, dann überlässt er alles schweigend seinem Abba und sein letztes Wort ist: »Vater, in deine Hände lege ich meinen Geist« (Lk 23,46).

Jesu Schweigen geschieht auch auf dem Hintergrund alttestamentlicher Worte wie: »Schweige vor Gott dem Herrn« (Zef 1,7); »Der Herr aber wohnt in seinem heiligen Tempel. Alle Welt schweige in seiner Gegenwart« (Hab 2,20). Oft wird gesagt, dass die Feinde Gottes zum Verstummen kommen. Jesus, der Stumme reden macht, ist auch der, welcher zu einem Dämon sagt: »Schweig und verlass ihn« (Lk 4,35).

Eine der eindrucksvollsten Stellen ist die »Stillung des Seesturmes«: Er aber sprach: »Schweig still! Und der Wind legte sich, und es trat völlige Stille ein«

(Mk 4,49). Immer wieder erfahren Menschen, dass nicht nur der Sturm auf dem See, sondern auch das Gewoge der Seele zur Ruhe kommen kann im Vertrauen auf Gott: »Herr, mein Herz überhebt sich nicht, nicht hochmütig blicken meine Augen, ich gehe nicht um mit großen Dingen, mit Dingen, die mir nicht begreiflich sind. Vielmehr habe ich besänftigt, habe zur Ruhe gebracht meine Seele. Wie ein gestilltes Kind bei seiner Mutter, wie das gestillte Kind, so ist meine Seele in mir« (Ps 131,1f.).

Ein Text des dänischen Religionsphilosophen und existentiellen Denkers Sören Kierkegaard zeigt die Komposition von Reden, Schweigen, Hören: »Als mein Gebet immer andächtiger und innerlicher wurde, da hatte ich immer weniger zu sagen. Zuletzt wurde ich ganz still. Ich wurde, was womöglich noch ein größerer Gegensatz zum Reden ist, ich wurde ein Hörender. Ich meinte erst, Beten sei Reden. Ich lernte aber, dass Beten nicht bloß Schweigen ist, sondern Hören. So ist es: Beten heißt nicht, sich selbst reden hören. Beten heißt: still werden und still sein und warten, bis der Betende Gott hört.«

Kommunizieren – Kommunion – Kommunikation

Für Christen zählt das Wort »Kommunizieren« zu den frühesten und einprägsamsten Worten des religiösen Wortschatzes. Sie kennen es aus der Vorbereitung auf die »Erste Kommunion« und als besondere Nähe zur Liebe Gottes und Jesu Christi. Da im liturgischen Kommunizieren Nahrung zu sich genommen wird, ist die Botschaft: Wir leben vom Kommunizieren. Und dies gilt nicht nur für dieses liturgische Geschehen, sondern für alle Weisen von Kommunikation: mit Worten, ohne Worte, mit Gesten, in familiären Gesprächen und geschäftlichen Verhandlungen. Alles, wo Gemeinschaft gelebt wird und Begegnung geschieht, ist Kommunikation. Der sog. Prolog, das Vorwort im Evangelium des Johannes, besagt: »Und das Wort ist Fleisch geworden«; vom Griechischen her formuliert: »Und der Logos ist Dia-log« geworden.

Die Kultur des Dialogs ist lebensnotwendig und friedenschaffend. Bei Ignatius gibt es zwei starke Stellen, die dies zum Ausdruck bringen. Für das Gespräch in den Exerzitien formuliert er als Voraussetzung: »Damit sowohl der, der die geistlichen Übungen gibt, wie der, der sie empfängt, mehr Hilfe und Nutzen haben, ist vorauszusetzen, dass jeder gute Christ bereitwilliger sein muss, die Aussage des Nächsten zu retten, als sie zu verurteilen« (EB 22). Dies ist der erste Hinweis, bevor noch irgendwelche inhaltlichen Hinweise gegeben werden. Anders läuft lebensfreundliche Kommunikation nicht.

Dies gilt nicht nur für den privaten, persönlichen Bereich, sondern auch für öffentliches Geschehen. In einer Instruktion für die Jesuiten, die 1546 als Berater für das Konzil von Trient vorgesehen sind, gibt Ignatius sieben Regeln für die Kommunikation. Die zentrale, sozusagen die »goldene Regel« lautet: »Ich wäre langsam im Sprechen, indem ich das Hören für mich nutze; ruhig, um die Auffassungen, Gefühle und Willen derjenigen, die sprechen, zu verspüren und kennenzulernen, um besser zu antworten oder zu schweigen« (BU S. 112). Ignatius verpflichtet dann die Mitbrüder, jeden Abend einem von ihnen eine Rückmeldung, ein »Feedback«, zu seinem Kommunikationsverhalten am Tag zu geben. Was für eine Schule!

Weiterhin und im Modus des Ausrufezeichens gesagt: Was für eine Einladung zu Erziehung, zu Bildung, zu therapeutischem Begegnen, zu seelsorglichen Gesprächen, zu gesellschaftlichem Dialog, zu christlich-kirchlichem Miteinander in all dem Durcheinander und der Komplexität und Schnelllebigkeit unserer Zeit! Manches scheitert weniger an dogmatischen Streitigkeiten, sondern an mangelnder Gesprächskultur. Wer das Neue Testament aufmerksam liest, kann an ca. 70 Stellen über 30 verschiedene Streitpunkte entdecken, aber auch die Versuche, im verstehenden und liebevollen Miteinander zu leben.

Jesus räumt da der sogenannten »goldenen Regel« eine fundamentale Rolle ein: »Alles, was ihr wollt, dass euch die Menschen tun, das tut auch ihnen.« Und dann fügt er noch hinzu: »Darin besteht das Gesetz und die Propheten« (Mt 7,12). – Diesen Kommunionunterricht intensiv miteinander zu lernen, gehörte das nicht zum Wichtigsten für jede und für unsere Zeit und Situation?

Spiritualität
bei echter

Karin Seethaler
Die Kraft der Kontemplation
In der Stille
Heilung finden
4. Auflage
208 Seiten · Broschur
ISBN 978-3-429-03638-6
€ 14,90 (D)
€ 15,40 (A)

Viele Menschen sind heute auf der Suche nach spirituellen Erfahrungen, oft in den östlichen Religionen. Demgegenüber lenkt Karin Seethaler den Blick auf den Schatz der kontemplativen Tradition des Christentums und hebt die darin liegende therapeutische Kraft hervor.

II. Prinzip und Fundament: Woher – Wohin – Wozu – Wie

Das Lebenshaus: Grundstein – Eckstein – Schlussstein

»Prinzip und Fundament« (EB 23) lautet die Überschrift zu Beginn des Exerzitienbuches. Sie fragt: Wozu sind der Mensch und die Dinge der Welt geschaffen und was folgt daraus? Bildhaft und biblisch mit dem Blick auf den Bau des Lebenshauses ausgedrückt: Was sind Grundstein, Eckstein und Schlussstein unseres Lebenshauses? Dem kann man nachsinnen: Was gibt meinem Lebenshaus Fundament und Halt? Ist das Haus meines Lebens auf Sand gebaut oder auf festem Grund? Worauf vertraue ich erstlich und letztlich? Was ist die Botschaft der »Zeitkapsel« im Grundstein, die Auskunft über den Sinn des Baues gibt?

Der Eckstein gibt die Richtung des Hausbaues an. Biblisch heißt es: »Der Stein, den die Bauleute verwarfen, ist zum Eckstein geworden« (Ps 118,22; vgl. 1 Petr 2,7). Es geht also darum zu spüren, welche Ausrichtung mein Leben annimmt.

Der Schlussstein hält das ganze Gewölbe eines Hauses zusammen. – Was hält all die Steine meines Lebens zu einem einzigen Bau zusammen, ohne den alles zusammenstürzen würde?

Für den biblischen Glauben ist Christus Grundstein und Eckstein und Schlussstein des Reiches Gottes und seiner Kirche: »Ihr seid jetzt also nicht mehr Fremde und ohne Bürgerrecht, sondern Mitbrüder der Heiligen und Hausgenossen Gottes. Ihr seid auf das Fundament der Apostel und Propheten gebaut; der Eckstein ist Christus selbst. In ihm wird der ganze Bau zusammengehalten und wächst zu einem heiligen Tempel im Herrn. Durch ihn werdet auch ihr zu einer Wohnung Gottes im Geist miterbaut« (Eph 2,19–21).

Der Originaltext und Variationen

Der pure Text des Prinzips und Fundaments im Exerzitienbuch liest sich wie eine nüchterne Zusammenfassung und Zielangabe. »Wozu ist der Mensch geschaffen?«, lautet die erste Frage des Katechismus. Eine kurze Antwort wäre: um Gott zu erkennen, lobend zu danken und in Freiheit sein Leben durch die Gottesliebe zu gestalten. Der ganze und pure Text im Exerzitienbuch lautet:

> »Der Mensch ist geschaffen dazu hin, Gott Unseren Herrn zu loben, Ihm Ehrfurcht zu erweisen und zu dienen und damit seine Seele zu retten.
>
> Die anderen Dinge auf der Oberfläche der Erde sind zum Menschen hin geschaffen, und zwar damit sie ihm bei der Verfolgung des Zieles helfen, zu dem hin er geschaffen ist. Hieraus folgt, dass der Mensch dieselben so weit zu gebrauchen hat, als sie ihm auf sein Ziel hin helfen, und so weit lassen muss, als sie ihn daran hindern. Darum ist es notwendig, uns allen geschaffenen Dingen gegenüber gleichmütig (*indifferentes*) zu verhalten in allem, was der Freiheit unseres freien Willens überlassen und nicht verboten ist. Auf diese Weise sollen wir von unserer Seite Gesundheit nicht mehr verlangen als Krankheit, Reichtum nicht mehr als Armut, Ehre nicht mehr als Schmach, langes Leben nicht mehr als kurzes, und folgerichtig so in allen übrigen Din-

gen. Einzig das sollen wir ersehnen und erwählen, was uns mehr zum Ziele hinführt, auf das hin wir geschaffen sind« (EB 23).

Ähnlich wie Ignatius, aber in einer etwas geschmeidigeren Sprache schreibt der Franziskanertheologe Bonaventura: »Wegen dieser drei Dinge hat Gott die vernünftige Seele geschaffen: dass sie ihn lobe, dass sie ihm diene, dass sie sich an ihm erfreue und in ihm ruhe; und das geschieht durch die Liebe, denn wer in der Liebe bleibt, der bleibt in Gott und Gott bleibt in ihm. Unser Tun muss diese drei Dinge besitzen: Maß, Art und Ordnung. Es muss gemessen sein durch die Bescheidenheit im äußeren Tun, geartet durch die Reinheit des Gefühls, geordnet und schön durch die Lauterkeit der Absicht.«[1]

Auch ein kurzes Gebet des Schweizer Bauern, Ratsherrn und Mystikers Niklaus von der Flüe bringt den ganzen Exerzitienweg schlicht und tief zum Ausdruck:

> Mein Herr und mein Gott, nimm alles von mir, was mich hindert zu Dir.
> Mein Herr und mein Gott, gib alles mir, was mich fördert zu Dir.
> Mein Herr und mein Gott, nimm mich mir und gib mich ganz zu eigen Dir.

Und das Prinzip und Fundament Jesu? Jesu Antwort ist schlicht und fundamental: »Du sollst den Herrn, deinen Gott, lieben aus ganzem Herzen und ganzer Seele, mit deinem ganzen Denken und deiner ganzen Kraft. Als zweites kommt hinzu: Du sollst deinen Nächsten lieben wie dich selbst. Kein anderes Gebot ist größer als diese beiden« (Mk 12,30f.).

Wer ist dein Gott?

Die Kirchenkrise sei ganz wesentlich eine Gotteskrise, wird öfters gesagt. Soll dies heißen, dass Gott selber in Krise ist? Oder gar tot, wie seit Nietzsche gesagt wird? In dem 2018 in den »Ignatianischen Impulsen« erschienenen Buch »Wer ist dein Gott?« geben 77 Jesuiten eine persönliche Antwort. Für nicht ganz wenige Menschen war und ist Gott nicht einmal eine Frage. Für kämpferische Atheisten ist er noch Diskussionsgegenstand. Für Agnostiker ist die Frage, ob es Gott gibt oder nicht, unbeantwortet oder gar unbeantwortbar. Für von Gott Ergriffene kann ein Wort lauten »Mein Gott und mein alles« (Franz von Assisi). Wer ist Gott für mich als gottgläubigen Menschen?

Gottesbilder und »der wahre Gott«

»Du sollst dir kein Bild von Gott machen«, heißt es in der Bibel und auch, dass der Mensch »nach Gottes Bild« geschaffen ist. Was bedeutet es, in dieser Beziehung von Gott und Mensch zu leben? Das große biblische Wort dafür ist »Bund«; der Bund der Schöpfung, der Geschichte, der Befreiung und Erlösung, der Bund von Gott und Mensch, wie er sich in Christus zeigt. Es ist der Bund der Liebe. So sehr, dass Jesaja einmal schreibt: »Dein Schöpfer ist dein Gemahl« (Jes 54,5). Für Christen, für Menschen, die sich auf Exerzitien einlassen, sind diese Fragen und Antworten der rote Faden, der alles durchzieht, und so kann man Fragen wie diesen nachgehen:

- Was kommt mir spontan bei dem Wort »Gott«?
- Wie und durch wen alles ist Gott in mein Leben gekommen?

- Welche Namen und Bilder habe ich von ihm und wie haben sie sich im Lauf des Lebens geändert, vervielfältigt, vertieft?
- Ist der gelernte Gott »Gottesgift« auf meinem Weg gewesen? Vornehmlich strafender Gott oder Heiland? Lebensspender? Urgrund oder Abgrund? Licht oder Dunkel oder beides?
- Habe ich einen Lieblingsnamen für ihn?
- Verstehe ich, dass er, wie Christus, einen Namen trägt, »der größer ist als alle Namen« (Phil 2,9)?
- Wie erlebe ich die Beziehung zu ihm, was bedeutet sie mir?

Es lohnt sich aber auch umgekehrt zu fragen: Wer bin ich für ihn? Sein Geschöpf? Sohn und Tochter? Ein Nichts, ein Sünder bzw. eine Sünderin oder wie in der Verkündigung des Evangeliums Jesu Christi: Tochter, Sohn, Freier, Erbe, Hausgenosse Gottes?

Und wer ist der Gott der Menschen?

Er ist absolutes Geheimnis, sein Name ist »Ich-bin-der-ich-bin«, »Ich-bin-der-Ich-bin-da«, »Ich-bin-der-Gott-mit-euch«. »Ich-bin-wo-du bist« übersetzt Martin Buber. Im Islam werden die »99 Namen« Gottes aufgezählt, und die Perlen gleiten wie beim Rosenkranz durch die betenden Hände. Augustinus trifft einmal die kühne Formulierung »Gottes Sehnsucht ist der Mensch« und Thomas von Aquin »definiert« Gott einmal mit den Worten »Deus est quod omnes appetunt« – »Gott ist, wonach alle Appetit haben«. Ein ökumenisches Kirchenlied (Gotteslob 140) lädt ein: »Kommt herbei, singt dem Herrn, ruft ihm zu, der uns befreit … Er ist Gott, Gott für uns, er allein ist letzter Halt, überall ist er und nirgends, Höhen, Tiefen, sie sind sein.«

So viel Schöpfung war noch nie

Der Satz »So viel Schöpfung war noch nie« findet sich in unserem Gästebuch im Exerzitienhaus HohenEichen. Was die Gäste schätzen, sind nicht nur die Zeiten der Meditation, das Gespräch mit der Begleitperson, sondern ganz besonders auch das Erleben der Natur. Ihre Schönheit und Weisheit werden vor allem in den Psalmen und Büchern der Weisheit vielfach besungen: »Sagen wir noch einmal so viel, wir kämen an kein Ende, darum sei der Rede Schluss: Er ist alles. Wir können nur loben, nie erfassen, ist Er doch größer als alle seine Werke« (Sir 43,27f.).

Der Trost der Blüten und der Sterne

Der französische Bruder Lorenz von der Auferstehung (1614–1691) erzählt ein nachhaltiges Naturerlebnis, das seinen Lebensweg bestimmte: Beim Betrachten winterlich entlaubter Bäume kam ihm zu Bewusstsein, wie im Frühjahr wieder Blätter, Blüten und Früchte sich zeigen würden. Dies vermittelte ihm ein Bild von der Vorsehung und Macht Gottes, das, wie er sagt, nie mehr aus seinem Inneren wich.

Zu den ansprechendsten geistlichen Erlebnissen von Ignatius von Loyola (1491–1556) gehört, was er von seinem Erleben der Sterne im »Bericht des Pilgers« erzählt: »Den größten Trost empfing er, wenn er den Himmel und die Sterne betrachtete, was er sehr häufig und jeweils lange Zeit hindurch tat, denn dabei fühlte er in sich eine ganz große Begeisterung, unserem

Herrn zu dienen« (BP 11). Interessant und unterscheidend von manchen anderen spirituellen Erfahrungen der Natur ist, dass diese Erfahrung bei Ignatius mit dem Gedanken des Dienstes und der Sendung verbunden ist. Dass es ein Unterschied ist, ob man etwas einfach sieht und genießt oder ob einem die »Augen des Herzens« aufgehen (Eph 1,18), drückt Elizabeth Barret-Browning mit den Worten aus: »Die Erde ist mit Himmel vollgepackt. Und jeder gewöhnliche Busch brennt mit Gott. Aber nur der, der es sieht, zieht seine Schuhe aus. Die anderen sitzen herum und pflücken Brombeeren.«

Der Trost der Blätter

Beim Gehen in der Natur kann der Mensch viele Erfahrungen machen: Er kann ins sprachlose Staunen geraten, hingerissen sein von der Schönheit der Blumen und der Tierwelt, der Verlorenheit in einer unendlichen Weite; spüren, wie es einem geht, wenn man geht und steht und das eigene Tempo findet.
Eine ganz eigene Erfahrung von Trost und Lebenskraft in der Natur erzählt der verstorbene Jesuit und Kardinal Martini von einem Waldspaziergang. Es war alles still, nur das Rauschen der gefallenen Herbstblätter war zu hören. Dieses Geräusch habe ihm einmal das Leben gerettet, erzählt er: »Ich fühlte mich einsam, niedergedrückt, ein wenig in Krise, und ich fragte mich, welchen Sinn das Leben hat, wozu es die Mühe lohnt. Ich lauschte: Das Rascheln der Blätter unter den Füßen begleitete mich, sonst nichts, und allein die Gefährtenschaft dieses Geräuschs gab mir die Kraft, nicht den Mut zu verlieren. Es lohnt sich zu leben!«[2]

Einmal hatte eine Exerzitantin in unserem Parkgelände in HohenEichen Unkraut auf einem Gehweg ausgerupft, und zwar so, dass auf dem Weg ein grünes »Unkraut-Herz« stehen blieb. Dazu passt das biblische Wort von Jesus, wenn er über die Feindesliebe spricht: »Liebet eure Feinde und betet für die, die euch verfolgen, damit ihr Kinder eures Vaters im Himmel werdet; denn er lässt seine Sonne aufgehen über Bösen und Guten, und er lässt regnen über Gerechte und Ungerechte« (Mt 5,44f.). An einer anderen Stelle warnt Jesus vor vorschnellem Urteilen, was denn Kraut und Unkraut sei. Das letzte Urteil steht Gott bei der Ernte zu.

Jesus hat von und in der Natur gelebt. Er hat als »Sohn des Zimmermanns« den Umgang mit Holz gelernt – bis zum Tod am Kreuzesholz. Nicht unbedeutend ist, wie sehr er die Natur als Stoff für seine Gleichnisse verwendet: Das Reich Gottes wächst auch, wenn der Bauer nachts schläft; die Lilien des Feldes sind für ihn schöner gekleidet als der König mit seinen Kleidern; der gute Hirt mit den Schafen eignet sich für die Darstellung der nachgehenden Gottesliebe und der Brunnen des Gebetes sprudelt im eigenen Herzen.

Je mehr die Menschen Jesus von Nazareth im Glauben als den Christus Gottes wahrnahmen und ihn ganz in Gott und Gott ganz in ihm sahen, desto mehr erkannten sie ihn als Anfang und Vollendung der Schöpfung. Er wurde für sie der »Erstgeborene der Schöpfung. Denn in ihm wurde alles erschaffen im Himmel und auf Erden, das Sichtbare und das Unsichtbare. Throne und Herrschaften, Mächte und Gewalten, alles ist durch ihn und auf ihn hin geschaffen. Er ist vor aller Schöpfung, in ihm hat alles Bestand« (Kol 1,15–17).

Der schmale Spalt zwischen Leben und Tod

Es war am Starnberger See. Mein Blick glitt vom Landesteg nach oben und mir wurde bewusst, dass ich bei einem zweistündigen Spaziergang durch die Atmosphäre nach oben an der Grenze des irdischen Lebens angelangt wäre. Was für ein minimaler Spalt im Universum für unser Leben! Was für ein Zusammenspiel fast unendlich vieler Wirkmächte zur Komposition von Leben! Und wie sorgsam müssen wir damit umgehen. Der Blick auf das Universum in seiner Mischung von Chaos und Kosmos, auf die Blume, die erblüht und verwelkt, auf Fressen und Gefressen-Werden, auf den schmalen Grat zwischen Leben und Tod kann Staunen und Schrecken wecken. Er kann auch zur Demut führen. Das lateinische Wort dafür lautet »humilitas« und dieses kommt von humus, Boden. Hebräisch heißt Adam »Erdling«.

Psalm 8 bringt die Spanne und die Spannung eines Lebens zwischen Erde und Himmel, Vergänglichkeit und Unvergänglichkeit in zwei Sätzen zusammen: »Seh ich deine Himmel, die Werke deiner Finger, Mond und Sterne, die du befestigt: Was ist der Mensch, dass du an ihn denkst, des Menschen Kind, dass du dich seiner annimmst – du hast ihn nur wenig geringer gemacht als Gott, hast ihn mit Herrlichkeit und Ehre gekrönt« (Ps 8,5f.).

Zur Freiheit befreit

»Zur Freiheit befreit!« – Diese plakative Formulierung stammt aus dem Brief von Paulus an die Galater: »Zur Freiheit hat uns Christus befreit. Steht daher fest und lasst euch nicht wieder ein Joch der Knechtschaft auflegen!« (Gal 5,1). Was erlöst und befreit, ist das Vertrauen auf die barmherzige und versöhnende Gnade Gottes. Was Hilfe schenkt, ist »der Glaube, der durch die Liebe wirkt« (Gal 5,6). Wenn Paulus hinzufügt »Nehmt die Freiheit nicht zum Vorwand für das Fleisch, sondern dient einander in Liebe!«, dann unterscheidet er eine asoziale Freiheit von einer menschenfreundlichen. Wer in seiner Freiheit die Liebe sucht, hat eine andere Richtung als die Losung der Mossul gegenüberliegenden Stadt Ninive: »Ich und sonst niemand!« (Zef 2,15). Biblische Besinnungen können zeigen, wie Befreiung geschieht vom Auszug von Ägypten bis zum Ja Jesu, der in seiner Liebe »aus freiem Willen das Leiden auf sich nahm«, wie es in der Liturgie heißt.

Ignatius widmet in seinem kurzen »Prinzip und Fundament« die Hälfte des Textes der Freiheit. Sie bedeutet für ihn, dass Reichtum und Armut, Gesundheit und Krankheit, guter oder schlechter Ruf usw. nicht die letztentscheidenden Kriterien für Entscheidungen sind, sondern die Gottes- und Menschenliebe (vgl. EB 23). Wahrhaft frei wird der Mensch, indem er frei wird von egoistischer Eigenliebe. Was damit gemeint ist, zeigt eine Karikatur: Ein offensichtlich volltrunkener Mann kreist dauernd um eine Litfaßsäule und ruft: »Hilfe, ich bin eingesperrt!« Befreiung heißt, sich vom ständigen Kreisen um sich selbst »umdrehen zu lassen«, umzukehren und zu sehen, dass eine Welt zum Leben vor einem liegt.

Das oft missverständliche Wort, das Ignatius im Prinzip und Fundament für Freiheit verwendet, heißt »Indifferenz«, was heute manchem bedeutet, dass alles gleichwertig oder gar egal sei. Ignatius spricht auch von der Freiheit des Geistes, so in einem Merksatz: »Wahre überall die Freiheit des Geistes und vor wem auch immer, scheue niemanden, sondern habe immer die Freiheit des Geistes zum Gegensätzlichen und verliere sie um gar keines Hindernisses willen, darin lasse niemals nach« (GT 883). Ein Bild für diese Freiheit ist der Tänzer, der frei und doch immer auf das Gegenüber bezogen ist. Ein anderes Bild zeigt den Torwart beim Elfmeter: Er wiegt sich hin und her, um dann mit aller Kraft zu explodieren, um ein Tor zu verhindern. – Wie kann im Alltag Freisein gesucht werden?

- die Wirklichkeiten und Wahrheit des Lebens sich zu Bewusstsein kommen lassen: »Die Wahrheit wird euch frei machen«;
- sich Freizeit zu nehmen, um so Freiraum und Zeit zur Besinnung zu gewinnen;
- den Blick auf Alternativen wenden: Es gibt zumeist nicht nur eine Möglichkeit;
- die Fähigkeit zum Verzichten und Bejahen üben;
- im Blick auf Jesus sehen, wie er sich frei bewegt auch bei Gegenwind;
- sich immer neu mit allen lähmenden Ängsten dem Geist Gottes, der befreit und schützt, anvertrauen.

Atmen – Durchatmen – Aufatmen

Alles, was atmet, lobe den Herrn (Ps 150)

Der Mensch braucht Atem und frische Luft zum Leben. Er atmet auf, wenn eine Last abfällt, und für vieles bedarf es eines »langen Atems«: »Geduld ist der lange Atem der Leidenschaft« (E. Jüngel).
Das Wort Atmen hat eine altindische Sprachwurzel und bedeutet »Hauch, Seele«. Wie nahe dies beieinander ist, zeigen viele biblische Stellen: Gott bläst dem Menschen durch die Nase den Lebensatem ein (vgl. Gen 2,7); Noah soll helfen, dass die Menschen von ihrer Arbeit aufatmen können (vgl. Gen 5,29). Auch neutestamentliche Worte sprechen vom Atemhauch: Jesus bläst den glimmenden Docht nicht aus; er schrie am Kreuz laut auf und hauchte seinen Geist aus (vgl. Mk 15,37). Zu den Jüngern sagt der Auferstandene: »Friede sei mit euch! Wie mich der Vater gesandt hat, so sende ich euch. Nachdem er das gesagt hatte, hauchte er sie an und sagte zu ihnen: Empfangt den Heiligen Geist« (Joh 20,21). Petrus predigt, dass der Herr »Zeiten des Aufatmens kommen lässt« (Apg 3,20).

Atem – Geist – Spiritualität

Eine kleine Atemübung kann es sein, den eigenen Atem einmal so lange, wie es geht, anzuhalten. Dann gilt es wahrzunehmen, wie es einem dabei ging und wie es geht, wenn man sich wieder dem freien Atmen überlässt. Meistens durchströmen einen dabei Gefühle von Freiheit und auch Dankbarkeit oder der Blick zu dem hin, von dem es heißt: »Er, der Atem und Leben und alles gibt« (Apg 17,25).

Für frische Luft zu sorgen durchs Öffnen der Fenster ist eines, aber noch wichtiger ist für das Zusammenleben die Sorge für eine gute Atmosphäre. Die kann man durch böse Worte, Lügen, Mobbing, eiskaltes Begegnen, mangelnde Achtung usw. auf vielfache Weise stören. Da kann einem manchmal der Atem stocken. Umgekehrt kann einem Aufatmen geschenkt werden durch ehrliches Interesse, Freundlichkeit, Rücksichtnahme, Vergebung, Zuhören, Mitteilen, Nachfragen, Lob und Ermutigung. Gute Atmosphäre ist die Alltagsausgabe des Heiligen Geistes. Und Atmen ist im Ein- und Ausatmen ein Grundgesetz der Wirklichkeit und menschlicher Beziehung: Empfangen und Geben, Fassen und Lassen.

Beten als Atmen der Seele

»Beten ist das Atmen der Seele.« Dies kann zunächst einfach bedeuten, dass man zu Beginn des Betens ein wenig auf das Ein- und Ausströmen des Atems achtet. Nicht wenige machen die Erfahrung, dass ihnen dies zu Ruhe, Aufmerksamkeit und Präsenz hilft.
Ignatius rät im Exerzitienbuch einmal: »Man soll zwischen einem Atemzug und einem anderen nur ein Wort beten« (EB 258). Dazu kann man das Vaterunser oder einen anderen Gebetstext nehmen und ihn auf diese Weise durchbeten. Bei einem Wort bleiben heißt, nur dieses eine im Bewusstsein haben und innerlich ausgerichtet sein auf den Adressaten des Gebetes bzw. die Bedeutung des Wortes oder eines Verses:

> »Atme in mir, du Heiliger Geist,
> dass ich Heiliges denke.
> Treibe mich, du Heiliger Geist,

dass ich Heiliges tue.
Locke mich, du Heiliger Geist,
dass ich Heiliges liebe.
Stärke mich, du Heiliger Geist,
dass ich Heiliges hüte.
Hüte mich, du Heiliger Geist,
dass ich das Heilige nimmer verliere.«

III. Der Weltschmerz Gottes und der Menschen

Alles gut – auf den ersten und den zweiten Blick?

Das etwas zum Modewort gewordene »Alles gut!« könnte anknüpfen an das biblische Wort »Und er sah, alles, was er gemacht hat, siehe, es war gut, sehr gut.« Das Prinzip und Fundament lenkt den Blick auf das Fundament aller Wirklichkeit und möchte den Geschmack und die Erkenntnis des Guten wahrnehmen lassen. Die sich in den Exerzitien anschließende geistliche Etappe und Perspektive, oft »erste Woche« genannt, will zeigen, was im Herzen Gottes geschieht bei seinem zweiten Blick auf die Welt: »Der Herr sah, dass auf der Erde die Schlechtigkeit des Menschen zunahm und dass alles Sinnen und Trachten seines Herzens immer nur böse war. Da reute es den Herrn, den Menschen auf Erden gemacht zu haben, und es tat seinem Herzen weh« (Gen 5,6–7). Sich diese real existierende Welt zu Herzen gehen zu lassen, darum geht es. Was löst dieser Blick in einem, in mir aus: Schmerz? Grauen? Verdrängen? Kleinreden? Leugnen? Tränen, echte und falsche Schuldgefühle? Scham? Verzweiflung? Fragen nach Gerechtigkeit und Barmherzigkeit? Herzensdank über das Wunder von Vergebung und Versöhnung?

All die dazugehörigen Themen wie Sünde, Erbsünde, Hölle, Gewissenserforschung, Beichte, Umkehr, Versöhnung lässt Ignatius durchmeditieren. Er mutet dem Übenden dies zu um der Wahrheit willen. Dadurch soll Befreiung zum Lieben geschehen. Ein Höhepunkt dieses Weges ist das innere Gespräch mit Jesus Christus als der gekreuzigten Liebe Gottes. Dieses Gespräch soll gehalten werden, »so, wie ein Freund zu einem anderen spricht oder ein Diener zu seinem Herrn« (EB 53).

Von der Weltwerdung Gottes

Die Formulierung von der Menschwerdung Gottes in Jesus Christus (EB 101) wäre geläufiger als das Wort von der Weltwerdung Gottes aus Liebe zur Welt. Sie passt aber, wenn man weiß, dass Ignatius einlädt, aus der Perspektive Gottes »die ganze Fläche oder Rundung der ganzen Welt voller Menschen zu schauen« (EB 102), und dies ganz konkret: »Die Personen sehen, die einen und die andern: Und zuerst die auf dem Angesicht der Erde in so großer Verschiedenheit der Trachten wie der Gebärden: die einen weiß und die anderen schwarz; die einen in Frieden und die anderen im Krieg; die einen weinend und die anderen lachend; die einen gesund, die anderen krank; die einen geboren werdend und die anderen sterbend usw. (EB 106). Im Vordergrund steht dabei die Verfallenheit und Bosheit und Unmenschlichkeit und damit die Erlösungsbedürftigkeit der Menschen in ihrer oft so höllischen Welt.

Dies zu sehen, dazu kann ein ausgesprochen starker biblischer Text aus dem Buch der Weisheit helfen, der in manchem fast eins zu eins unsere Weltsituation zu beschreiben scheint (insbes. Weish 1–3). Er ist zumeist unbekannt und soll deshalb ausführlicher zitiert werden. Er beginnt mit den Worten: »Liebt Gerechtigkeit, ihr Richter der Erde, denkt gut über den Herrn, sucht ihn mit ganzem Herzen.« Er mahnt dann weiter: »Jagt nicht dem Tod nach in den Irrungen eures Lebens und zieht nicht durch euer Handeln das Verderben herbei. Denn Gott hat den Tod nicht gemacht und hat keine Freude am Untergang der Lebenden« (1,12f.). Von den Gottlosen heißt es: »Sie rufen den Tod mit Taten und Worten herbei und sehnen sich nach ihm wie nach einem Freund« (1,16). Ihre Lebensphilosophie besteht in der Erkenntnis, dass das Leben kurz ist: »Durch Zufall sind wir geworden und danach werden wir sein, als wären wir nie gewesen« (2,2). Ihre Schlussfolgerung lautet: »Auf, lasst uns die Güter des Lebens genießen und die Schöpfung auskosten, wie es der Jugend zusteht! Erlesener Wein und Salböl sollen uns reichlich fließen, keine Blume des Frühlings darf uns entgehen. Keine Wiese bleibe unberührt von unserem Treiben, überall wollen wir Zeichen der Fröhlichkeit zurücklassen, denn das ist unser Anteil und dies das Erbe.« Nach der ökologischen Dimension kommt die soziale zur Sprache: »Lasst uns den Gerechten unterdrücken, der in Armut lebt, die Witwe nicht schonen und das graue Haar des betagten Greises nicht scheuen! Unsere Stärke soll bestimmen, was Gerechtigkeit ist; denn das Schwache erweist sich als unnütz. Lasst uns dem Gerechten auflauern! Er ist uns unbequem und steht unserem Tun im Weg« (2,6–12).

Weil »der Gerechte« sich rühmt, »Erkenntnis Gottes« zu haben, und sich »Knecht Gottes« nennt und ein lebender Vorwurf für ihr Gewissen ist, wollen sie prüfen, »ob er wirklich Sohn Gottes ist«. Sie setzen ihn der »Erniedrigung und Folter« aus, um seinen »Gleichmut zu prüfen, und verurteilen ihn zu einem ehrlosen Tod … er behauptet ja, es werde ihm Hilfe zuteil« (2,20). Es ist nicht verwunderlich, dass dieser Text auch in der Liturgie der Karwoche, der Leidens-

woche, zitiert wird. Man sieht förmlich die Spötter des gekreuzigten Jesus vor sich, die Jesus auffordern, vom Kreuz herabzusteigen und sich so als Gottessohn zu beweisen (Mt 27,40). Von den »Freunden des Todes« sagt der Weisheitslehrer: »Sie irren sich; denn ihre Schlechtigkeit macht sie blind … Gott hat den Menschen zur Unvergänglichkeit erschaffen und ihn zum Bild seines eigenen Wesens gemacht … Die Seelen der Gerechten aber sind in Gottes Hand und keine Folter kann sie berühren. In den Augen der Menschen wurden sie gestraft; doch ihre Hoffnung ist voll Unsterblichkeit« (Weish 3,4).
Der Weisheitstext greift auf wenigen Seiten philosophische, theologische, ökologische, ökonomische, soziale und spirituelle Kennzeichen einer Welt am Abgrund auf und das Leben in der Hoffnung. Ignatius lenkt den Blick auf die Menschen, »die schwören und lästern, verwunden, töten, zur Hölle gehen« (EB 104). Immer aber wird hinzugefügt, dass dieser Anblick Gott in seiner Liebe zur Menschwerdung bewegt. Der Sinn der Betrachtung der Menschwerdung erschließt sich in der Bitte um »innere Erkenntnis des Herrn, der für mich Mensch geworden ist, damit ich mehr ihn liebe und ihm nachfolge« (EB 104). Es ist die Einladung, dem nachzufolgen, der einmal sagte, es gäbe »keine größere Liebe, als wenn jemand sein Leben hingibt für seine Freunde« (Joh 15,13).

Versöhnung – von der Freude Jesu

Worüber Jesus sich maßlos freut

Wenn man weiß, was jemandem wehtut bzw. Freude schenkt, dann weiß man schon sehr viel von ihm. Was gehört zu den größten Freuden Jesu? Ganz eindeutig, wenn Versöhnung geschieht. Im 15. Kapitel von Lukas, das manchmal das »Evangelium im Evangelium« genannt wird, wird dies ausgedrückt in der Freude der Frau über die wiedergefundene Drachme. Dort sagt Jesus sehr steil, dass im Himmel mehr Freude über einen Sünder herrsche, der umkehrt, als über 99 Gerechte. Im Gleichnis vom »barmherzigen Vater« sagt dieser zu seinem älteren Sohn, als der jüngere heimkehrt: »Dein Bruder war tot und lebt wieder. Da muss man sich doch freuen!«

Paulus schreibt einmal: »Wir bitten euch an Christi statt, lasst euch mit Gott versöhnen!« (2 Kor 5,21), was immer auch heißt: mit den Menschen. So sehr liegt dies Jesus am Herzen, dass er einmal sagt: »Wenn du deine Opfergabe zum Altar bringst und dir dabei einfällt, dass ein Bruder etwas gegen dich hat, so lass deine Gabe dort vor dem Altar liegen; geh und versöhne dich zuerst mit deinem Bruder, dann komm und opfere deine Gabe« (Mt 5,23f.). Der heilige Thomas Morus, zeitweise Lordkanzler des Königs Heinrich VIII., schreibt in seinem Buch Utopia: Die Utopier saßen am Sonntag, bevor sie in die Kirche gingen, immer zusammen und versuchten, Frieden miteinander zu schließen. Es wäre wohl nicht der schlechteste Grund, deshalb einmal zu spät in die Kirche zu kommen.

Für biblische Meditationen zu Heilung und Versöhnung braucht man nicht mühsam nach einigen ausdrucksstarken Stellen zu suchen. Auf fast jeder Seite finden sich Hinweise, die Gewissensspiegel sind. An den Dekalog sei erinnert, an »himmelschreiende Sünden«, an Rufe zur Umkehr. Vor allem aber werden ergreifende Szenen erzählt, in denen Menschen Verzei-

hung zugesagt wird und Umkehr zum Leben geschieht.
Bei ihrer Generalkongregation im Jahr 2016 haben die Jesuiten als Hauptwort für ihr seelsorgliches Bemühen das Wort von der Versöhnung in den Mittelpunkt gestellt. Versöhnung mit Gott, den Mitmenschen, sich selber und der Natur.

Was helfen kann in Hilflosigkeit

- Betend alle Gefühle und Gedanken auf Gott hin aufsteigen lassen wie Frühnebel oder Weihrauch.
- Man kann sich zu Bewusstsein kommen lassen, dass Gott über Guten und Bösen, über Frevler und Gerechte die Sonne seiner Liebe aufgehen und den lebenspendenden Regen strömen lässt (Lk 6,27f.).
- Eine eigene Übung ist es, es eine Zeitlang auszuhalten, dass Gott mich und meinen »schwierigen Mitmenschen« göttlich liebt.
- Man kann versuchen, sich in das Gegenüber, das man verletzt hat bzw. von dem man verletzt wurde, einzufühlen und zu meditieren.
- Man kann die Vergebung Gott anvertrauen; Jesus spricht am Kreuz und bittet: »Vater, vergib ihnen, sie wissen nicht, was sie tun.« Oder auch in Alltagsdeutsch: »Herr, liebe du sie, ich kann es nicht …«
- Paulus rät: »Lass dich vom Bösen nicht besiegen, sondern besiege das Böse durch das Gute!« (Röm 12,21) und: »Segnet eure Verfolger; segnet sie, verflucht sie nicht« (Röm 12,14; vgl. Lk 6,27).
- Es ist wichtig, an den eigentlichen Schmerzpunkt unter Wut, Angst, Rachegedanken, Ohnmacht und Schuldgefühlen zu kommen. So sagt ein Psalm: »Dies ist mein Schmerz, dass die Rechte des Herrn

so anders handelt.« Der Schmerzpunkt, der verletzte Wert, ist der Ort, wo Heilung geschieht. In diesem Sinn gilt das Wort: »Schmerz, der Schmerzen heilt« (Ps 77).

Einsichten können helfen

- Vergebung und Versöhnung sind möglich und gehören zu den segensreichsten Erfahrungen.
- Ohne Vergebung bleibe ich immer Opfer. Im Vergeben werde ich frei.
- Vergeben heißt nicht einfach vergessen, sondern eine freiere Beziehung zum Geschehenen gewinnen.
- Wenn ich Vergebung abhängig davon mache, dass der andere mich um Vergebung bittet, dann bleibe ich in Abhängigkeit von ihm.
- Erinnerung kann immer auch noch weh tun, aber man muss nicht daran ausbluten.
- »In der Verzeihung des Unverzeihlichen ist der Mensch der göttlichen Liebe am nächsten« (Gertrud von le Fort).
- Im Wort »Zeit heilt Wunden« kann auch eine Erfahrungswahrheit liegen, die sagt: Nicht dauernd an der Wunde oder Narbe herumkratzen; es wird nur schlimmer. Es liegt in der Seele auch eine Selbstheilungskraft.

Beichte – das Sakrament der Versöhnung

Früher hat man meist von »der Beichte« gesprochen, also vom Bekenntnis eigener Schuld mit der Bitte um Vergebung. Als wesentliche Elemente wurden und werden genannt und auswendig gelernt: »Besinnen – Bereuen – Bekennen – Bessern.« Für viele war und ist dies ein Geschenk der Erfahrung von Liebe und Befreiung und ein regelmäßiger Impuls für die eigene Selbsterkenntnis und positive Lebensgestaltung. Nicht selten sind aber auch Erinnerungen an Verängstigung, falsche Schuldgefühle, Gewissensskrupel, Höllenängste oder auch an schreckliche Missbrauchssituationen. Manchen helfen Anregungen des verstorbenen Kardinals Carlo Martini, das Sakrament der Versöhnung zu empfangen. Dieser berichtete, er beginne mit einer »confessio laudis«, also einem Ausdruck des Lobes. Dabei danke er kurz für das, was Gottes Geist an Gutem in ihm und auch durch ihn gewirkt hat. Im nächsten Schritt bekenne er, wo er sehe, dass er von der Spur, die Liebe zu leben, abgewichen sei bzw. zögerlich und widerstrebend gewesen sei. In einem dritten Schritt bringe er zum Ausdruck, in welche Richtung er leben wolle und dass er vertraue, dass Gottes Geist ihm dabei helfe.[3]

Dass auch der Mitmensch eine Rolle spielt, zeigte sich mir einmal besonders. Nach einem Bekenntnis, das Abgründigstes zur Sprache brachte, fügte die beichtende Person hinzu: »Ich habe dies alles schon Gott gesagt und um Verzeihung gebeten, aber ich spürte, ich muss das auch einem Menschen sagen.« Warum wohl? Vielleicht, weil da jemand die Erfahrung machen durfte und konnte: Da ist ein konkreter menschlicher Zeuge, der stellvertretend für eine Gemeinschaft und für Gott sagt: »Du brauchst nicht mehr den Rest deines Lebens im Schatten deiner Schuld zu leben. Du fällst nicht aus der Beziehung. Geh hin in Frieden!«

IV. Der neue und lebendige Weg

Erkennen – Lieben – Nachfolgen

»Anhänger des Weges« wurden die ersten Christen genannt und im Brief an die Hebräer steht, dass Christus einen »neuen und lebendigen Weg« erschlossen hat in der Hingabe seines Lebens. Zusammengefasst wird dies in dem Wort: »Ich bin der Weg, die Wahrheit und das Leben« (Joh 14,6). Man könnte sagen, Weg sei die dynamische Form des Fundaments. Fundament verbindet man mit Festigkeit, Boden, Grund. Beim Wort Weg ist das, was beständig ist, das Ziel, auf das man zugeht, zulebt. In der Liturgie der Hochzeit kommt dies zum Ausdruck in den Worten, man möchte in guten und schweren Tagen gemeinsam den Weg der Liebe gehen.

In der sogenannten zweiten und auch der dritten Woche geht es um den gemeinsamen Weg zusammen mit Christus und seinen Weggefährten. Auf Wegen kann man sich kennenlernen. Ignatius schreibt, man solle den Weggefährten Christus tiefer erkennen, lieben und ihm nachfolgen (EB 104). Es lohnt sich, sich die einzelnen Noten des Dreiklangs »Erkennen – Lieben – Nachfolgen« bewusst zu machen: Das Erste ist, den andern schrittweise mehr zu erkennen: Wer ist er? Was ist sein familiärer Hintergrund, sein Bildungsweg, sein Denken, Fühlen, Wollen, seine Gewohnheiten, seine Ausstrahlung. Der nächste Schritt geschieht, wenn die bloße Kenntnisnahme und Bekanntschaft zu einer Liebe wachsen. Und wenn dies noch zum Wunsch führt, ein Leben miteinander führen zu wollen, dann hat dies mit Nachfolge zu tun. Die sogenannte »zweite Woche« ist dem Wachsen und der Dynamik dieses Dreiklangs gewidmet.

Maria und das Evangelium Jesu Christi

Die Evangelisten wollten mit ihren Erwähnungen von Maria nicht eine Biographie der Mutter Jesu schreiben, sondern aufzeigen, wer Jesus ist und was es heißt, ihn aufzunehmen ins eigene Leben. Im Überblick gesehen lässt sich dies erahnen:

Maria im Evangelium nach Matthäus
- der Stammbaum Jesu: Mt 1,1–17
- die Geburt Jesu: Mt 1,18–25
- die Flucht nach Ägypten: Mt 2,13–15
- der Kindermord in Bethlehem: Mt 2,16–28
- die Rückkehr aus Ägypten: Mt 2,19–23
- die Verwandten Jesu: Mt 12,46–50 (vgl. Lk 8,19–21)
- Ablehnung in der Heimat: Mt 13,54–58

Maria im Evangelium nach Markus
- Rückholungsversuch durch Verwandte: Mk 3,20f.
- die »wahren« Verwandten Jesu: Mk 3,31–35
- Ablehnung Jesu in seiner Heimat: Mk 6,1–6

Maria im Evangelium nach Lukas
- Verheißung der Geburt des Täufers: Lk 1,5–22
- Verheißung der Geburt Jesu: Lk 1,26–38
- der Besuch Marias bei Elisabeth: Lk 1,39–56
- die Geburt Jesu: Lk 2,1–20
- das Zeugnis des Simeon und der Hanna: Lk 2,21–40
- der Zwölfjährige im Tempel: Lk 2,41–52
- die Vorfahren Jesu: Lk 3,23–38

– Seligpreisung Mariens; selig, die Hörende: Lk 11,27f.
– in Nazareth: Begeisterung und Ablehnung: Lk 4,16–30

Maria im Evangelium des Johannes
– Prolog des Johannes: Joh 1,1–17
– Hochzeit von Kana als Zeichen: Joh 2,1–12
– Juden sagen, dass sie Jesu Vater und Mutter kennen: Joh 6,42
– die Mutter Jesu und »der Jünger« beim Kreuz: Joh 19,25–27

Apostelgeschichte
– die Apostel »einmütig im Gebet mit den Frauen und mit Maria«: Apg 1,12–14

Paulus
– Gottes Sohn, »geboren von einer Frau und dem Gesetze untertan«: Gal 4,4f.

Geheime Offenbarung
– »Die Frau, mit der Sonne bekleidet und schwanger«: Offb 12,1f.

Ignatius und die »Maria della Strada«

Ein paar Minuten vom Exerzitienhaus in HohenEichen entfernt steht eine neugotische kleine Kirche. »Maria am Weg« ist ihr Name. Immer wieder gehen Teilnehmer der Exerzitien dorthin für eine Zeit der Betrachtung vor dem Marienbild. Ignatius hatte 1537 nach seiner Ankunft in Rom das Bild »Maria della Strada« ins Herz geschlossen und das Kirchlein, in dem dieses Bild hing, wurde 1542 die erste Kirche im

Besitz der Jesuiten. Ignatius' intensivste Betrachtung galt wohl einem Bild in der Schlosskapelle in Loyola, als er monatelang dort krank im Bett lag. Der Stifter des Bildes hatte auf dem Rahmen eingravieren lassen »Pour quoy non«, was »Warum nicht?« bedeutet. Man kann sich ein Frage- und ein Ausrufezeichen dazu denken. Die Botschaft ist wohl: Wie könnte der Mut eines Ritters vor einem »Warum?« zurückweichen?! Ignatius hatte Mut im Überfluss und brauchte ihn auf seinem Weg als »Pilger«. Vor dem Marienbild auf dem Montserrat lege er seinen Degen ab.
Es ist interessant zu sehen, wie Ignatius im Exerzitienbuch bei einigen Hinweisen auf Maria eine kleine Einfügung macht, die seine Weise zu betrachten und seine spirituelle »Spürsamkeit« zum Ausdruck bringt: Er lädt ein, sich bei der Beschneidung Jesu einzufühlen in das Mitleid, das Maria empfindet; er lässt eigens den Abschied Jesu von seiner Mutter meditieren; er sieht Maria, wie sie nach der Kreuzigung einsam ist und Jesus ihr als Erste erscheint, um sie zu trösten, wie Freunde einander zu trösten pflegen. Am stärksten kommt seine marianische Ader zum Ausdruck, wenn er immer wieder einlädt, am Ende einer Betrachtung auch mit Maria in ein inneres Gespräch zu kommen. Er muss dies als einen seelischen Gewinn erfahren haben, so wie wenn man sonst jemandem ein wichtiges Erleben mitteilt.

Maria Magdalena und das Suchbild Jesu Christi

Es ist nicht ganz selten, dass man etwas sucht und schließlich dann doch findet und merkt, dass man bei der Suche ein anderes Suchbild in sich hatte. Das fängt schon bei einer Schere an, die nicht so daliegt wie gewöhnlich, und es kann auch bei einem Menschen sein, der sich auf einmal »von einer ganz anderen Seite« zeigt, als man ihn bisher wahrgenommen hatte. Eine solche biblische Suchgeschichte zeigt sich in der Suche von Maria Magdalena nach Jesus. Sie hat im Grab nach ihm gesucht – es war leer. Und als er ihr in einer nicht fassbaren, aber doch wirkmächtigen Weise präsent wurde, meinte sie zunächst, es sei der Gärtner. Ihr Suchbild war der Leichnam Jesu gewesen.

Wer ist er?

Sichtwechsel sind nicht neu. Welche verschiedenen Vorstellungen hatten die Menschen zur Zeit Jesu vom kommenden Messias? Wird er ein Friedenskönig sein und zuvor die Römer vertreiben? Wird er der große Erneuerer des Gottesbundes sein? Er wird doch als Sieger einziehen in Jerusalem und nicht den Weg des Kreuzes gehen?! Für die einen ist Jesus ein großer Prophet, ein wunderbarer Rabbi, ein Heiler; für andere einer, der das Gesetz nicht ernst nimmt; für andere ist er »Fresser und Säufer« und im Dienst des teuflischen »Beelzebul«; die Jünger schreien einmal »ein Gespenst!« und Thomas, der Zweifler, berührt Jesu Wunden und bekennt »Mein Herr und mein Gott«. Die Geschichte der beiden Jünger in Emmaus, deren »Augen gehalten waren«, zeigt besonders anschaulich den Sichtwechsel der Augen des »brennenden Herzens« (vgl. Lk 24,13–35).

Und wer ist Jesus für mich?

Jesus selber fragt bei Cäsarea Philippi seine Jünger, für wen die Leute ihn halten, und ergänzt: »Und ihr, für wen haltet ihr mich?« Es ist Petrus, der sich vorwagt: »Du bist der Christus, der Sohn des lebendigen Gottes« (Mt 16,16). Jesus spricht ihn selig mit den Worten: »Selig bist du, Simon, Barjona, denn nicht Fleisch und Blut haben dir das offenbart, sondern mein Vater im Himmel« (Mt 16,17). Jesus als den Christus wahrzunehmen und zu erkennen ist nur möglich im Heiligen Geist, d.h. mit den Augen des Herzens (vgl. Eph 3,16–18), in einem geschenkten Augenblick; vielleicht nach langem Suchen, vielleicht ganz überraschend und ganz anders wie bei Paulus vor Damaskus: »Ich bin Jesus, den du verfolgst« (Apg 9,5).
Hier legt sich die Besinnung auf die Geschichte meiner Beziehung zu Jesus nahe: Wann habe ich von ihm gehört? Was verbindet sich bei mir mit ihm? Habe ich einen oder mehrere Namen für ihn? Welche biblischen Geschichten und Worte verbinde ich mit ihm? Was ist meine persönliche »Christologie«?

Hat Christus einen Namen für mich?

Jesus nennt Petrus den »Felsen«, Jakobus und Johannes »Donnersöhne«. In der österlichen Begegnung mit Maria von Magdala nennt er sie einfach bei ihrem Namen. Am Ton der Stimme erkennt sie ihn. Sie, die ihn so sehr gesucht und gefunden und den Jüngern verkündet hat, ist von Papst Franziskus sozusagen kirchenamtlich »Apostola Apostolorum« genannt worden, die Apostolin der Apostel. Ein großer Name für eine große liebende und mutige Frau. Sie kann uns die Frage nach unserem Suchbild von Jesus mitgeben.

Kampffeld Herz

Die Welt des Ignatius

Kritische Fragen an das Exerzitienbuch richten nicht selten auch Ignatius-Liebhaber an militärisch klingende Passagen, etwa an die Betrachtung des Rufs des Königs und an die sog. Betrachtung der zwei Banner. Dies klinge zu sehr nach einem spirituellen Militarismus und schrecke Menschen ab und es sei eben von »der damaligen Zeit« und besonders auch vom Lebensweg des Ignatius her geprägt. Dies ist leicht nachvollziehbar, wenn man den ersten Satz seiner Autobiographie liest: »Bis zum Alter von sechsundzwanzig Jahren war er den Eitelkeiten der Welt ergeben und hauptsächlich fand er aus einem unbändigen und eitlen Verlangen, sich Ruhm zu gewinnen, ein Gefallen an Waffenübungen« (BP 1). Als er heldenhaft, aber völlig aussichtslos die Festung Pamplona verteidigte – im »journalistischen Sommerloch« wird immer wieder die Stierjagd durch die Straßen von Pamplona gezeigt – wurde er an den Beinen schwer verletzt und seine Karriere bei Hof bzw. auf Kampffeldern war vorbei.

Wahres Leben und Lebensfeindschaft

Auf dem Hintergrund des Kampfes zweier Heere baut Ignatius seine Besinnung über zwei Banner auf (vgl. EB 136–148): Das Feldlager des unmenschlichen »Feindes der menschlichen Natur« liegt bei Babylon. Luzifer sitzt »wie auf einem Thron aus Feuer und

Rauch in furchtbarer und schrecklicher Gestalt«. Er ruft unzählige Dämonen, fordert sie auf, »Netze und Ketten auszuwerfen: dass sie zuerst mit der Begierde nach Reichtümern in Versuchung führen sollten, wie dies in den meisten Fällen zu geschehen pflegt, damit man leichter zu eitler Ehre der Welt gelange und danach zu gesteigertem Hochmut« (EB 140).
Ganz anders die Situation und Position des »so freigebigen und so menschlichen Königs«, Christus, der seine Untertanen bittet – nicht einen Einberufungsbefehl erlässt! –, seinem Ruf zu folgen (EB 94). Sein Lager liegt in der Gegend von Jerusalem an einem »demütigen, schönen und freundlichen Ort« (EB 144). Und hier gilt es, zu »erwägen, wie der Herr der ganzen Welt so viele Personen, Apostel, Jünger usw. auswählt und sie über die ganze Welt hin sendet und sie seine heilige Lehre über alle Stände und Lebenslagen der Personen ausstreuen« (EB 145f.). Und dann gilt es, »die Rede zu erwägen, die Christus, unser Herr, an alle seine Diener und Freunde hält, die er auf einen solchen Kriegszug schickt, indem er ihnen empfiehlt, allen helfen zu wollen« (EB 146). Er ermahnt sie dazu, den Weg in geistlicher Armut, Bescheidenheit und in Demut zu gehen.

Krieg und Frieden

Trifft das Bild von Kampf und Krieg nur für die vergangene Welt und lokale Konflikte zu? Stammt es aus einer »anderen Welt und Zeit«? Ist unsere Zeit so viel heller als das »finstere« Mittelalter oder die frühe Neuzeit des Ignatius? Haben wir dazugelernt? Wie viele Menschen sind im Krieg, auf der Flucht, traumatisiert von Kriegserfahrungen in der Kindheit bzw. mitbe-

troffen vom Schicksal ihrer Eltern, die selber noch am Krieg teilgenommen haben?
Laut einer Arbeitsgemeinschaft für Kriegsursachenforschung fanden 2019 weltweit 23 Kriege und eine Reihe sogenannter bewaffneter Konflikte statt: Kämpfe um Macht, Bandenkriege, Stammeskriege; Kriege um Wasser, um Boden, Ausbeutung der Naturreserven, um politischen Einfluss, um Prestige, um Rohstoffe; Rufmord, Völkermord, Bürgerkriege, Kindermord. Papst Franziskus gebrauchte einmal das Wort vom heutigen »Weltkrieg«. Das Arsenal ist um ein Vielfaches gewachsen mit Atomwaffen, Giftgas, Unterseebooten, Flugzeugen, Drohnen – perfekter und tödlicher sind unsere Waffen. Neue Kampffelder tun sich durch Netzwerke auf.

Hinter den Zahlen: Hass – Lüge – Gewalt

In den täglichen Nachrichten werden zur Beschreibung der Weltsituation seit Jahren die Worte Hass, Lüge und Gewalt genannt. Diese Kennzeichnungen waren früher eher dem Beichtspiegel vorbehalten und nicht bewusster Teil täglicher Beschreibung unserer Welt. Wie im Großen, so spielen sie in den kleineren Beziehungswelten eine Rolle: im Betrieb, in der Ehe nach dem Motto »Der Feind im Bett« … Wie viel Leid steht hinter persönlichen Dramen, hinter Missbrauch durch sexualisierte Gewalt im Familienmilieu, im Raum von Vereinen, Kirche, Sport usw.? – Anders gesagt: Die Betrachtungen zum Ruf Christi und zu den zwei Bannern mögen als Zumutung erscheinen, und das sind sie auch. Aber sind das nicht zutreffende und geradezu notwendige Beschreibungen unserer Welt mit ihrer globalen und chronischen Lebensfeindlichkeit? Sie rufen auf zur Entscheidung für das Leben: »Ich lege euch vor, Leben und Tod, wählt das Leben« (Dtn 30,19).

Jesus Christus – stark und sanft

»Er ist gerecht, ein Helfer wert, Sanftmütigkeit ist sein Gefährt« (Gotteslob 218). In diesem Adventslied wird Christus begrüßt und es mag auffallen, wie hier in einer Zeile die Macht der Gerechtigkeit und die Sanftmütigkeit zusammengebracht werden. Wie geht dies zusammen?

Der erste Schritt für eine Antwort soll der Blick auf Jesus sein. Schon in der Szene der Verkündigung werden die beiden Pole von Kraft und Sanftheit genannt. Auf Marias Frage, wie es geschehen solle, dass Gottes Liebe in ihr Wurzel fassen und wachsen und »zur Welt gebracht« werden solle, erhält sie die Antwort: »Der Heilige Geist wird über dich kommen und Kraft des Höchsten wird dich überschatten« (Lk 1,35). Die Kraft des Allerhöchsten und die leise Berührung durch einen Schatten, welche Spannweite wird hier angesprochen! Der Geist Gottes äußert sich auch im Hauch Jesu, der den glimmenden Docht nicht löscht; der Auferstandene haucht die Jünger an und im Pfingststurm »mobilisiert« er sie zur Gemeinschaft der Kirche. Jesu Selbstbewusstsein äußert sich in der »Vollmacht« seiner Reden und im Wort »Ehe Abraham wurde, bin ich« (Joh 8,58). Und dann gibt es Szenen, in denen er sich sanft, zurückhaltend, einfühlsam und feinfühlig zeigt – nicht nur, aber besonders gegenüber den Armen, den Unterdrückten, den Randexistenzen. Besonders in der Erzählung von der Heilung des Mannes mit der verdorrten Hand kommt beides zusammen. Er schaut die Schweigenden an »voll Zorn und voll Trauer« (vgl. Mk 3,1–6).

Der sanfte Herr des Ignatius

Ignatius, ehrgeiziger Turnierfechter und Kampfesheld, vor Gericht einmal wegen »enormer Verbrechen« angeklagt, ist für seine Aggressivität, die er später in Bußübungen auch gegen sich selber wandte, bekannt. Später sagte er einmal, da habe er im Rückblick verstanden, dass man aus Fehlern lernen kann. Umso erstaunlicher, dass er an einem Marienbild nach einer Nachtwache schließlich seinen Degen ablegte. Und bald danach, so heißt es, dass eine Gruppe von Soldaten zwei Frauen vergewaltigen wollte und er sie dann anschrie und »mit solcher Wirksamkeit, dass alle im Haus entsetzt blieben« (BP 38). Derselbe Ignatius sprach von Jesus immer wieder als dem »sanften Herrn«. Diese Sicht zeigt sich in einigen eigenwilligen Einschüben in biblische Szenen:

- »Der hl. Petrus verwundete einen Knecht des Hohenpriesters. Der sanfte Herr aber sagte zu ihm: Stecke dein Schwert an seinen Platz, und heilte die Wunde des Knechts« (EB 291).
- Von der Berufung der Apostel heißt es: »Wie die Apostel von ungebildetem und niedrigem Stand so sanft berufen wurden« (EB 275).
- In mystischer, klingender Sprache lädt Ignatius ein: »Mit dem Geruch und Geschmack riechen und schmecken die unendliche Sanftheit und Süße der Gottheit« (EB 124).

Überraschend ist, wie Ignatius in der Szene, in der Jesus die Verkäufer mit Stricken aus dem Tempel treibt und die Tische der Wechsler umstürzt, zwei Worte in den biblischen Text einfügt: »Den Armen, die Tauben verkauften, sagte er *mild*: Entfernt diese Dinge von hier und macht nicht mein Haus zu einem Kaufhaus« (EB 277). – Solch einen Umstürzler und Rauswerfer wie Jesus muss man einmal milde, sanft sprechen lassen können zu den Armen! Dies zeigt wohl, wie sehr einer mit dem Charakter von Ignatius einen sanften Jesus brauchte, ihn suchte und fand. Auch Jesus musste ausbalancieren zwischen Zorn, »Weh euch!«, und »Ich bin gütig und demütig«: Als er geschlagen wird, hält er nicht die andere Wange hin, wie er auch einmal sagte, sondern fragt: »Habe ich dir irgendein Unrecht getan? Wenn nicht, warum schlägst du mich?« (Joh 18,23). Thomas von Aquin drückt die Schwierigkeit der Balance einmal so aus: »Gerechtigkeit ohne Barmherzigkeit ist Grausamkeit. Barmherzigkeit ohne Gerechtigkeit ist die Mutter der Auflösung.« Wie die Balance finden? Der Blick auf Jesus und das Arbeiten an der eigenen Sprache ist eine naheliegende Möglichkeit. Jesus mahnt eindringlich, den andern nicht als »Dummkopf« oder »gottlosen Narren« zu bezeichnen (vgl. Mt 5,22). Auch ein Text aus den Gebeten zur Messfeier weiß um die Spannung von Stärke und Sanftmut: »Gott unser Vater, dein Sohn hat uns von dir Kunde gebracht. Er hat uns erkennen lassen, wie du bist: groß in deiner Huld für deine Geschöpfe, gewaltig in deiner Hoheit, wehrlos in deiner Liebe.«

Jesus der Fragensteller

Wer einer ist, das kann man auch daran erkennen, wie und welche Fragen er stellt. Es kann aufschlussreich sein, sich seinen Fragen zu stellen. Zusammengestellt hat die Fragen Jesu Johannes Bours in seinem Buch

»Da fragte Jesus ihn«[4]. Es sind nur 18 Fragen aus vielen anderen Jesus-Dialogen:

- Was sucht ihr? – Joh 1,38
- Für wen haltet ihr mich? – Mk 8,29
- Du Kleingläubiger, warum hast du gezweifelt? – Mt 14,31
- Warum habt ihr solche Angst? Habt ihr noch keinen Glauben? – Mk 4,40
- Was meinst du: Wer von diesen dreien hat sich als der Nächste dessen erwiesen, der von den Räubern überfallen wurde? – Lk 10,36
- Worüber habt ihr unterwegs gesprochen? – Mk 9,33
- Ist denn keiner umgekehrt, um Gott zu ehren, außer diesem Fremden? – Lk 17,18
- Warum siehst du den Splitter im Auge deines Bruders, aber den Balken in deinem eigenen Auge bemerkst du nicht? – Lk 6,41
- Glaubt ihr, dass ich dies tun kann? – Mt 9,28
- Wollt auch ihr weggehen? – Joh 6,67
- Begreift ihr, was ich an euch getan habe? – Joh 13,12
- Könnt ihr den Kelch trinken, den ich trinke? – Mk 10,38
- Konntest du nicht eine Stunde wachen? – Mk 14,37
- Als ich euch ohne Geldbeutel aussandte, ohne Vorratstasche und ohne Schuhe, habt ihr da an etwas Mangel gelitten? – Lk 22,35
- Liebst du mich? – Joh 21,17
- Mein Gott, mein Gott, warum hast du mich verlassen? – Mk 15,34

Die diskrete Liebe des Ignatius

Wenn ich bei Kursen gelegentlich frage, welche schmückenden Beiworte für Liebe es gäbe, dann kommen Ausdrücke wie: leidenschaftlich, tief, unglücklich, hingebungsvoll, grenzenlos, heimlich usw. Noch nie hat jemand spontan das Eigenschaftswort »klug« gebracht. Dies ist aber eine Wortverbindung von Ignatius, nämlich »die kluge Liebe«, die »discreta caritas«, d.h. die unterscheidende Liebe. Eine Formulierung wie »Ich habe eine solch kluge Liebe zu dir« dürfte sich nicht unbedingt als Einstieg in eine aufkeimende Liebesbeziehung eignen. Aber auch für die Liebe und alle Entscheidungen überhaupt gibt es keine bessere Grundlage als die Kultur des Unterscheidens und die Mischung von Liebe und lebenserfahrener Klugheit. Liebe will Gutes für den andern, so die italienische Formulierung »Ti voglio bene«, d.h. ich will dir gut, ich bin dir gut. Aber nicht alles, was gut scheint, gut gemeint ist, gut schmeckt, ist auch immer wirklich gut. Ein alter Spruch weiß darum: »Es prüfe, wer sich ewig bindet, ob sich das Herz zum Herzen findet.« In diesem Sinn schreibt Paulus: »Prüft alles, das Gute behaltet« (1 Thess 5,21).

Ignatianische Spiritualität ist eine Hilfsquelle für Entscheidungsfindung. Die folgenden Leitlinien und Hilfsfragen ersetzen kein Seminar oder eine angemessene Besinnungszeit oder auch Exerzitientage, können aber doch Impulse für das eigene Entscheiden geben. Für gutes Entscheiden aber, so die Sicht von Ignatius von Loyola, bedarf es dreier Ebenen (vgl. im Exerzitienbuch die »Drei Zeiten der Wahl«): Die gläubig-intuitive Herzensmitte, das sorgsam-spürsame Abwägen innerer Bewegungen (Motive u.Ä.; span. »mociones«)

und die ruhige Überlegung der Vernunft aufgrund von Fakten, Argumenten, Erfahrungen.

Hilfsfragen auf der Ebene der Vernunft:
- Ist die Entscheidung jetzt vorrangig vor anderen dran?
- Habe ich genügend Sachinformationen eingeholt?
- Habe ich Alternativvorschläge entwickelt?
- Habe ich die Gründe für und gegen die Alternativen sorgsam abgewogen?
- Habe ich die wahrscheinlichen Folgen für mich und andere bedacht?
- Habe ich den Rat anderer mit einbezogen?
- Will ich den nötigen Preis und Verzicht für die Entscheidung bzw. Nicht-Entscheidung bezahlen?
- Hatte ich genügend Entscheidungszeit?
- Hindert mich ein Perfektionismus, endlich eine überreife Entscheidung zu fällen?
- Habe ich die Durchführung, die Zieldefinition, die Zwischenüberprüfungen im Blick?
- Gibt es Menschen und Mittel als Hilfe für die Durchführung?
- Habe ich mich »im Grunde« schon vorentschieden?

Hilfsfragen auf der Ebene des inneren Verspürens:
- Fühle ich mich innerlich frei, ruhig, hoffnungsvoll, stimmig, in Frieden?
- Gibt es noch unausgesprochene Ängste, Ohnmachtsgefühle, unfreie Begeisterung?
- Könnte meine Entscheidung eine Ausflucht vor ... sein?
- Schmeckt die Entscheidung nach den »Früchten des Un/Geistes« (vgl. Gal 5,13–26)?

- Gab es eine Zwischenpause, nach der ich eine Bestätigung wahrnehmen konnte?

Hilfsfragen auf der Ebene von Werten:
- Passt die Entscheidung in meinen Wertekosmos und meine Grundentscheidungen?
- Wie schauen meine Motivationen aus (Ehrgeiz, Maßlosigkeit oder auch soziale Aspekte)?
- Werden andere Menschen durch die Entscheidung benachteiligt, verletzt u.ä.?
- Setze ich meine Gesundheit durch Überforderung aufs Spiel?

Hilfsfragen vom Evangelium Jesu Christi her:
Passt die Entscheidung, das Projekt zum Evangelium Jesu? Zu seinem Tun und Wort?
- Welche Bedeutung hat die Entscheidung für meine Beziehung zu Gott, zu Christus, zu Mensch und Natur?
- Ist die Entscheidung eine Frucht aus Glauben, Hoffen, Lieben, Gebet, Schweigen, Hören?
- Wem kommt die Entscheidung zugute? Nur mir oder auch andern?

Virtuelle Hilfsvorstellungen:
- Würde ich »dies« meinem besten Freund raten?
- Könnte ich damit »ruhig sterben«?
- Wenn ich mich in der Phantasie eine gute Zeit lang in die verschiedenen Alternativen einlebe: Bei welcher habe ich auf die Dauer das bessere Gefühl, die bleibende Stimmigkeit?

Vom Unterscheiden ist es noch ein wichtiger Schritt zum Entscheiden und vom Entscheiden noch einmal zum Umsetzen in die Lebenswirklichkeit hinein. »Sehen – Urteilen – Handeln«, »Hören – Unterscheiden – Antworten« oder auch »Wahrnehmen – Abwägen – Umsetzen« sind sprachliche Kurzformeln, die wichtige Schritte für ein komplexes, lebensförderliches Geschehen benennen.

Die Magie des »Magis«

Wenn jemand sagt, etwas sei magisch, dann ist dies eine besondere Hervorhebung und meint, ein Vorgang, eine Sache oder auch ein Mensch sei geheimnisvoll, verfüge über Kräfte und Anziehungskraft, die über das Normale hinausgehen. In der biblischen Erzählung von der Anbetung Jesu sind es drei Magier, Sterndeuter »aus dem Osten« (Mt 2,1–12). Im von Ignatius geprägten Sprachgebrauch wird oft von »magis« gesprochen und auch eine ignatianisch-jesuitische Jugendinitiative nennt sich danach.
Für Ignatius bedeutete »magis« einfachhin die Sehnsucht, Gott immer größer sein zu lassen in seinem Leben und zu schauen, wie man im eigenen Mitwirken das tun bzw. lassen kann, was als jeweils Besseres erscheint. Hans Urs von Balthasar, ein Kenner der ignatianischen Spiritualität, bemerkt, der »nach oben offene Komparativ« des »je mehr« sei zum »geistigen Kennwort der Exerzitien« geworden. Eine Gefahr des spirituellen Superlativs und maximalistischer Spiritualität hat Ignatius selber bis an den Rand der Verzweiflung gebracht, weil ihm schon die leichteste Verfehlung als Todsünde vorkam und er mindestens so heilig sein wollte wie große Heilige vor ihm. Erstaunlicherweise hat er zu einer Zeit, wo noch die Vorstellung von der klösterlichen und priesterlichen Lebensform

als dem »Stand der Vollkommenheit« herrschte, geschrieben, man könne »in jeglichem Stand oder Leben, das Gott, unser Herr, uns zu erwählen gibt, zur Vollkommenheit gelangen« (EB 135); genauer gesagt, auf dem Weg zur Vollendung sein. Als sein Beichtvater in Rom, der »von beachtlicher Einfalt und Harmlosigkeit« war, von ihm sagte, er »sei heilig und mehr als heilig«, wechselte er ihn. Sein Lieblingsstoßgebet in seinen letzten Lebensjahren sei gewesen: »Schenke mir ehrfurchtsvolle Liebe und liebevolle Demut.«

Ein Wort von Marianne Williamson aus ihrem Buch »Rückkehr zur Liebe« spricht vom Mut, unsere Talente anzunehmen und zu leben. Sie sagt: »Unsere tiefgreifendste Angst ist nicht, dass wir ungenügend sind, unsere tiefgreifendste Angst ist, über das Messbare hinaus kraftvoll zu sein. Es ist unser Licht, nicht unsere Dunkelheit, die uns am meisten Angst macht. Wir fragen uns, wer ich bin, mich brillant, großartig, talentiert, phantastisch zu nennen? Aber wer bist Du, Dich nicht so zu nennen? Du bist ein Kind Gottes. Dich selbst klein zu halten dient nicht der Welt. Es ist nichts Erleuchtetes daran, sich so klein zu machen, damit andere um Dich herum sich nicht unsicher fühlen. Wir sind alle bestimmt, zu leuchten, wie es die Kinder tun. Wir sind geboren worden, um den Glanz Gottes, der in uns ist, zu manifestieren. Dieser Glanz ist nicht nur in einigen von uns, er ist in jedem Einzelnen. Und wenn wir unser Licht erstrahlen lassen, geben wir unbewusst anderen Menschen die Erlaubnis, dasselbe zu tun. Wenn wir uns von unserer Angst befreit haben, wird unsere Gegenwart ohne unser Zutun andere befreien.«[5]

Christus in der Kirchenbank

»Es geht um einen gewissen Jesus, der gestorben ist und von dem Paulus sagt, er lebe ...« Mit diesen Worten charakterisiert der römische Statthalter die Streitsituation zwischen Paulus und seinen Gegnern. »Jesus lebt!« Wie lebt er und in wem lebt er, von dem Paulus schreibt: »Er lebt – nicht mehr ich lebe, Christus lebt in mir« (Gal 2,20)? Paulus meint zunächst seine tiefste, persönliche Selbst- und Christuserfahrung, die Befreiung vom »Gefängnis des Gesetzes«. Ganz wesentlich meint er auch die Gemeinschaft derer, die auf ihre Weise den »Evangelisten« Jesus als die große Botschaft ihrer Verlebendigung erfahren haben oder doch auf der Suche danach sind.

Eine Gemeinde hatte sich als Jahresmotto das biblische Wort des Täufers Johannes gegeben »Mitten unter euch steht einer, den ihr nicht kennt« (Joh 1,26). Um daran zu erinnern, wurde die Osterkerze jeden Sonntag an eine andere Stelle in den Kirchenbänken gestellt. Man konnte und musste sozusagen bei jedem Besuch der Feier sich neu zu Christus hin positionieren; neben, hinter, nahe vor, weit weg von ihm. Zu einer christlichen Gemeinschaft gehören die, welche Christus und seine Botschaft für sich selber und als Gemeinschaft in die Mitte stellen.

Diese Gemeinschaft ist sich immer auch bewusst, dass sie eine Gemeinschaft von unvollkommenen, suchenden, verirrten, schuldigen Menschen ist; »sündig« ist dafür der Sammelbegriff. Menschen, die abgesondert sind, das Ziel verfehlen, was sprachlich im Griechischen und Hebräischen der ursprüngliche Sinn von Sünde ist. Und darum ist für die Einzelnen, aber auch für die Gesamtgemeinschaft immer auch Versöhnung angesagt. Besinnen – bereuen – bekennen – bessern werden als wichtige Schritte dieses Geschehens genannt. Mehr emotionsgeladene Worte für dieses Geschehen sind Finsternis, Verirrung und dagegen Umarmung, Weinen und neues Leben, Frieden, Leben und Licht. Es ist ein lebenslanger Weg, bis »Christus Gestalt annimmt« in den Seinen (Gal 5,19; Eph 4,13). Dass die kirchliche Gemeinschaft eine Gemeinschaft von Suchenden und Versuchten ist, das kommt nicht nur zu Beginn jeder Eucharistiefeier beim Ruf nach erbarmender Liebe zum Ausdruck, sondern bei der Lektüre der Evangelien, der Apostelgeschichte, der Briefe. An über 70 Stellen gibt es ungefähr 30 unterschiedliche Streitpunkte und doch heißt es dann und zuerst, »ein Herz und eine Seele« (Apg 4,32) seien die Gemeinden gewesen. So sagen sie selber und Leute von außen sagen »Seht, wie sie einander lieben«. Und diese Spannung zwischen Sündigkeit und Heiligkeit der Einzelnen und der institutionalisierten Gemeinschaft gilt die ganze Kirchengeschichte hindurch. Manches Mal ist dieses Dunkel so dicht und auch so einseitig, dass von der Kirchengeschichte nur noch Kreuzzüge, Hexenverbrennungen, geistlicher und sexueller Missbrauch aufgezählt werden. Sogar das Sakrament der Versöhnung konnte falsche Schuldgefühle, Missbräuche, Höllenängste befeuern. Umgekehrt gesehen, haben ungezählte Menschen, Gesellschaften und Kulturen durch das Evangelium Christi und kirchliche Gemeinschaften Belebung, Befreiung, Versöhnung, Beglückung, Liebe, Hoffnung und Gehaltensein erfahren und weitergegeben.

V. Keine größere Liebe

Im Kreuz ist Heil – kann man das singen?

Der ganze Glaubens- und Exerzitienweg will nichts anderes sein als Hilfe zum Werden und Wachsen im Lieben. In der sog. dritten Woche spitzt sich alles zu, was Jesus auf seinem Weg erlebt hat an Auseinandersetzungen, Missverstehen und Ablehnung bis zur offenen Anfeindung und schließlich zur Verurteilung und zu seinem Tod am Kreuz. In den 14 Kreuzwegstationen und den Geheimnissen des »schmerzensreichen Rosenkranzes« kommt dies zum Ausdruck. Schon bei den Betrachtungen zur Geburt Jesu verweist Ignatius auf den Weg der Mühen bis hin zum Kreuz. Jesus hat selber das tägliche Kreuz getragen. In diesem Sinn heißt es: »Einer trage des anderen Last, so erfüllt ihr das Gesetz Christi« (Gal 6,2).
Wie kann man in der Liturgie der Karwoche, beim Gedenken des Leidens und Sterbens Jesu, singen: »Im Kreuz ist Heil, im Kreuz ist Hoffnung, im Kreuz ist Leben.« Was bedeutet Kreuz? Kreuz hat eine Reihe sehr alltäglicher, sozusagen naturaler Bedeutungen wie Wegkreuzung, Fensterkreuz, Gipfelkreuz, Kreuzstich, Fadenkreuz, Koordinatenkreuz, bei der Wahl »sein Kreuzchen machen«; es zeigt sich als Anhänger oder in Kreuzschmerzen. Normalerweise oder zumindest oft verbindet sich mit Kreuz das tödliche Folterinstrument, das gelegentlich als Kreuz an einer Straße an einen Unfall erinnert; eine langdauernde Krankheit oder ein schweres Schicksal, das jemand zu tragen hat.

Immer wieder einmal flackert der Streit darüber auf, ob das Kreuz in Räumen wie Gerichtssälen, Schulen usw. aufgehängt werden dürfe. Wie dürfe ein weltanschaulich neutraler Staat des »Abendlandes« ein christliches Grundzeichen für alle präsentieren? Wie für den Marxismus-Leninismus Sichel und Hammer, für den Islam der Halbmond das jeweilige Logo ist, so ist es für den christlichen Glauben das Kreuz.

Zunächst darf, ja muss gesagt werden, wofür das christliche Kreuz nicht steht und nicht stehen darf. Zuerst einmal schon gar nicht für ein Instrument der Unterdrückung, für eine eigene Ideologie und Herrschaftsansprüche und sadomasochistische Tendenzen. Schlimm ist es, wenn im Rahmen von Spiritualität Leiden und Kreuz übergewichtig werden und nicht Raum gegeben wird für ursprüngliche Schöpfungs- und Lebensfreude. Wo dies nicht genügend gesehen und gefördert wird, dort steht heutigentags auch das Wort vom »geistlichen Missbrauch«. In eine ganz andere Richtung weist das oft zitierte und richtungsweisende Wort: »Ich bin gekommen, dass ihr das Leben habt und es in Fülle habt« (Joh 10,10). Wenn in der Tradition christlicher romanischer Kunst Christus als König stehend und doch in Kreuzeshaltung dargestellt wird, kommt zum Ausdruck, dass das Kreuz für Christen das Siegeszeichen über Tod und Sünde ist.

Wofür das »christliche Kreuz« steht

Es mag etwas unangemessen wirken, will aber doch versucht werden: in einer Art Aufzählung zu sagen, in welchem Sinn das Zeichen des christlichen Kreuzes lebensfördernd sein will und kann:

- weil es uns an die volle Wahrnehmung der ganzen Wirklichkeit heranführt und nicht blind sein lässt für Leiden, Krieg, Lüge, Hass, Gewalt, Morden, Kriege, Flucht, Unterdrückung, Missverstehen, Missbrauch jeder Art;
- weil es uns zeigt, dass wir in der Welt- und persönlichen Lebensgeschichte auf verschiedene Weise Verletzte und Opfer sind, aber auch Mittäter. Diese Wahrheit kann niederschmetternd, aber auch befreiend, erlösend und wegweisend sein;
- weil es Mit-Leid ist, das einlädt zu Empathie, zum Mitschmerz (Hilde Domin);
- weil der Mensch durch Mitfühlen seine Beziehungsfähigkeit lebt und in der »Compassion« aus seiner bloßen Ichbezogenheit herausgeführt wird;
- weil es einlädt zum Helfen und Lindern von Leid und das Kreuz zum »Roten Kreuz« wird. Wo Jesus Leiden sieht, dort geht er hin und hilft;
- weil es an einen Justizmord erinnert und so einlädt zum Einsatz für Gerechtigkeit, zum prophetischen Protest;
- weil es zu seelischen Haltungen ermutigt wie Durchhalten, Geduld, Hoffnung, Phantasie, Widerstand;
- weil es den Ernstfall der Liebe zeigt: »Niemand hat eine größere Liebe, als wer sein Leben gibt für seine Freunde« (Joh 15,13);
- weil sich zeigen kann, dass die Liebe nicht nur bei Rückenwind segelt, sondern bei Gegenwind kreuzen muss, um vorwärtszukommen. Beim Eheversprechen wird gesagt, dass man den Weg gehen wolle in guten und bösen Tagen;

– weil Liebe nicht nur eine Liebe für paradiesische Zustände ist, sondern auch noch im Tal der Finsternisse;
– weil die Kreuzesliebe aufruft, Wege der Versöhnung mit Feinden zu suchen; die Feindesliebe ist in besonderer Weise ein Zeichen christlicher Spiritualität. Jesu bittende Worte am Kreuz lauten: »Vater, vergib ihnen, sie wissen nicht, was sie tun« (Lk 23,34).

Das Kreuz ist nicht einfach nur Kreuz. Es strahlt die Botschaft aus, dass in den Abgründen von Tod und Sünde die Auferstehung beginnt, ins Leuchten kommt und es Hoffnung noch über das Sterben hinaus gibt.

Von der Liebe zu Freund und Feind

Der tiefste Sinn des Leidens aus Liebe und freiem Willen wird wohl in dem Wort Jesu deutlich: »Es gibt keine größere Liebe, als wenn einer sein Leben hingibt für seine Freunde« (Joh 15,13). Man wird hinzufügen dürfen und müssen »für seine Feinde«, denn es heißt: »Da wir mit Gott versöhnt wurden durch den Tod seines Sohnes, als wir noch Gottes Feinde waren, werden wir erst recht, nachdem wir versöhnt sind, gerettet werden durch sein Leben« (Röm 5,10; vgl. 1 Joh 4,10). Wenn es eine Sinngebung für das Leiden durch und an und mit und für die Welt gibt, dann möglicherweise nur, weil sich im mitleidenden Lieben die wahre Größe und »der Ernstfall der Liebe« zeigen können.

Die 14 Kreuzwegstationen betend gehen, Verbindung zum eigenen Leben suchen und zu verstehen, dass die konkreten Spannungen das »tägliche Kreuz« sind, kann zu einem Heilsweg werden.

VI. Auf! – Österliche Lebendigkeit

Karriere nach unten – Erhöhung am Kreuz

»Karriere nach unten« hat Hans Urs von Balthasar einmal den Weg Jesu Christi genannt. In diesem Abstieg der Liebe bis zum Tod am Kreuz liegt zugleich die »Erhöhung« der Liebe. Die sog. vierte Woche der Exerzitien ist die Einladung zur Freude über alles Leben, das zum Leben kommt. Ignatius lässt um die Gnade bitten, »fröhlich zu sein und mich intensiv zu freuen über so große Herrlichkeit und Freude Christi, unseres Herrn« (EB 221).

Das Wörtchen »auf« hat es in sich. »Von unten her nach oben« ist die ursprüngliche Bedeutung, nachvollziehbar bei jedem Aufstehen aus dem Bett oder vom Stuhl. In der DDR war das Lied »Auferstanden aus Ruinen« Nationalhymne, und bis heute wird auf die »Trümmerfrauen« verwiesen, die den Wiederaufbau mitschufen.

Biblisch gesehen gehört Auf-erweckung und Auf-erstehung zum Kern des Evangeliums. Paulus schreibt: »Wenn Christus nicht auferweckt worden ist, dann ist euer Glaube nutzlos … Wenn wir allein für dieses Leben auf Christus gesetzt haben, sind wir erbärmlicher dran als alle anderen Menschen. Dann hat der Tod das letzte Wort« (vgl. das ganze 15. Kapitel des Briefes an die Christen in Korinth).

Der Jesuit Theo Schmidkonz hat ein Buch veröffentlicht mit dem Titel »Osterweg« und eingeladen, 14 Stationen eines Osterweges zu betrachten. Kreuzwege gibt es viele. Osterwege kommen zu kurz und damit, was Paulus als »mehr noch« bezeichnet, die Auferstehung: »Christus Jesus, der gestorben ist, *mehr noch*: Der auferweckt worden ist, er sitzt zur Rechten Gottes und tritt für uns ein.« Wer diesen Weg meditierend mitgeht, kann vielleicht auch Anteil bekommen an der Gewissheit von Paulus: »Ich bin gewiss: Weder Tod noch Leben, weder Engel noch Mächte, weder Gegenwärtiges noch Zukünftiges noch Gewalten, weder Höhe oder Tiefe noch irgendeine andere Kreatur können uns scheiden von der Liebe Gottes, die in Christus Jesus ist, unserem Herrn« (Röm 8,34–39).

Sich mitfreuen

Aus der Wahrnehmung von Auferstehung kann Mit-Freude entstehen, wie einer Exerzitantin bewusst wurde: »Ich habe eine neue Möglichkeit entdeckt, mich zu freuen!« – »Ja, welche denn?« – »Die, mich über die Freude eines anderen zu freuen!« Nicht nur Mitleid zu empfinden, sondern auch Mitfreude kann es geben. Und genau dazu lädt Ignatius ein bei den Betrachtungen zur Auferstehung: »Die Gnade erbitten, um fröhlich zu sein und mich intensiv zu freuen über so große Herrlichkeit und Freude Christi unseres Herrn« (EB 221). Sich an der Freude des Auferstandenen freuen. Und an der Freude Mariens, der er als Erster erschienen sei (EB 299), wie man nach Ignatius vernünftigerweise annehmen dürfe. Man solle dabei »das Amt zu trösten anschauen, das Christus, unser Herr, bringt, und dabei vergleichen, wie Freunde einander zu trösten pflegen«. Peter Knauer schreibt dazu: »Diese Formulierung ist vielleicht die am meisten bezeichnende für das den Geistlichen Übungen zugrunde liegende Menschenbild.«

Jesus lebt – gegenwärtig im Geist

»Sie hatten große Angst« (Lk 24,37), heißt es zuerst und dann ein paar Zeilen später: »Sie konnten es vor Freude nicht glauben« (Lk 24,41). Und auch: »Keiner von den Jüngern wagte, ihn zu fragen: Wer bist du? Denn sie wussten, wer er war« (Joh 21,12). Bald finden die ersten Christen ein Wort für die Gegenwärtigkeit Jesu: Es ist gegenwärtig »im Geist«. Paulus schreibt: »Wir kennen jetzt niemanden mehr dem Fleische nach; auch wenn wir früher Christus dem Fleische nach gekannt haben, jetzt kennen wir ihn nicht mehr so« (2 Kor 5,16). Also ist die entscheidende Frage, wenn es um Auferstehung geht, wie der Geist wahrnehmbar sei. Man könnte sagen, »ganz einfach«: Überall, wo Freiheit, Versöhnung, Gerechtigkeit, Hoffnung im Leben geschieht, da geschieht Präsenz Jesu, des Christus, d.h. des Geistgesalbten, und Gottes: Wenn man von Auferstehung spricht und dass sie schon angefangen habe, dann hilft vielleicht am meisten der Verweis auf eine Stelle im ersten Johannesbrief: »Wir wissen, dass wir aus dem Tod ins Leben übergegangen sind, weil wir die Brüder lieben. Wer nicht liebt, bleibt im Tod« (1 Joh 3,14). Der Glaube an die Auferstehung ist der Glaube, dass die Liebe stärker ist als Tod und Sünde.

Für ihn sind alle lebendig

Für einen Christen gründet die Glaubensüberzeugung von der Auferstehung wesentlich auch im Vertrauen auf den Glauben Jesu an den lebendigen Gott. Er hat sich der Diskussion zwischen Sadduzäern und Pharisäern über den Glauben an die Auferstehung gestellt und seine »Argumentation« war sehr schlicht und fundamental: Mose nennt doch »den Gott Abrahams, den Gott Isaaks, den Gott Jakobs. Er ist doch kein Gott von Toten, sondern von Lebenden; denn für ihn leben sie alle« (Lk 20,38). Dies will wohl sagen: Könnt ihr euch denn Gott als Friedhofswächter vorstellen, dessen Reich mit jedem Toten wächst?

Ich lebe und ihr werdet leben

In einem Nachbarsgarten des Exerzitienhauses HohenEichen liegt ein Stein – nur mit der Aufschrift »Joh 14,19«. Wer nachschlägt, kann lesen: »Ich lebe und auch ihr werdet leben.« Was kann es heißen, »mit Christus gestorben und auferweckt« zu sein, bis »Christus, unser Leben, offenbar wird« und auch wir »mit ihm offenbar werden« (vgl. Kol 3,1–4)?

Die entscheidende Jetzt-schon-Erfahrung von Auferstanden-Sein ist, in der Liebe Gottes, »die durch den Geist in unsere Herzen ausgegossen ist«, zu leben (Röm 5,5). Paulus fühlte sich durch die innere Erkenntnis Jesu und seiner Botschaft aus dem »Gefängnis des Gesetzes« (Gal 3,26) befreit; »Ihr seid zur Freiheit befreit« (Gal 5,23) war seine Botschaft.

Was sind, in kurzen Sätzen gesagt, andere Spuren von Auferstehung, um »mitten im Errechnen des Staubes einen Sprung zu tun« (Nelly Sachs)? Und wer findet sie?

- Wer die Hoffnung auf unvergängliche Lebendigkeit für erlaubt hält.
- Wer mitten in der Zeit in ihr innewohnende Unvergänglichkeit verspürt.
- Wer ganz auf die Karte der Liebe setzt statt auf sinnleere Vergeblichkeit.

- Wer die Todesangst nicht Herrin seines Lebens sein lassen muss.
- Wer erfährt, was er nur mit dem Wort »Gott« ausdrücken kann.
- Wer glauben kann, dass Gott ein Gott der Lebenden ist.
- Wer Wunden trägt wie Jesus, die sich verklären.
- Wer wie Thomas Kontakt mit den Wunden Jesu bekommt.
- Wer erfahren hat, dass unverzeihbare Schuld vergeben ist.
- Wer erkennt, dass Selbsterlösung nicht »erleistet« werden kann.
- Wer in tiefster Not wie der geschundene Hiob sagen kann: »Doch ich, ich weiß, mein Erlöser lebt, als Letzter erhebt er sich über den Staub« (Ijob 19,25) – Er macht sich nicht aus dem Staub.
- Wer auf Nelly Sachs hört: »Weine aus dir entfesselte Schwere der Angst / Zwei Schmetterlinge halten das Gewicht der Welten für dich / und ich lege deine Träne in dieses Wort: / Deine Angst ist ins Leuchten geraten.«

Und danach?

Was ist nach dem Leben in dieser Weltzeit? Da ist Jesus knapp: Die Maßstäbe dieser Zeit – wie Essen, Heiraten usw. – lassen sich nicht eins zu eins auf himmlische Existenzweise übertragen. Paulus spricht vom Vergleich vom Samenwinzling mit dem kommenden Fruchtbaum und schreibt, hier sehe man nur wie in einem Spiegel, »dann« schaue man Gott von Angesicht zu Angesicht (1 Kor 13). Und Johannes gibt den Zuspruch: Durch dieses Schauen werden wir verwandelt und geheiligt und »wer in dieser Hoffnung lebt, heiligt sich, wie er heilig ist« (1 Joh 3,1–3).

Betrachtung, um Liebe zu erlangen

Die »Betrachtung, um Liebe zu erlangen« (EB 230–237) im Anschluss an das Geschehen der Auferstehung ist in gewissem Sinn eine Zusammenfassung des ganzen Exerzitienweges. Sie führt hin zum allumfassenden Lieben mitten im alltäglichen Sein und Leben. Sie enthält verschiedene Botschaften:

Liebe muss mehr in die Werke als in die Worte gelegt werden

Die erste Vorbemerkung zum »Thema Liebe« ist, dass man sie mehr in die Werke als in die Worte legen solle (EB 230). Jeder spürt den Unterschied, ob etwas nur gesagt oder auch gelebt wird. Freilich können auch Worte, wenn sie denn von Herzen kommen, zutiefst wirken: »Endlich kann ich wieder weinen und atmen. Du bist mein Leben« – so in einem Brief meines im Krieg gefallenen Vaters auf das Ja-Wort meiner Mutter zur Verlobung.

Liebe besteht im Mitteilen von beiden Seiten

In der zweiten Vorbemerkung zeigt sich, was Ignatius unter Lieben versteht. »Die Liebe besteht in Mitteilung von beiden Seiten«, also im wechselseitigen Empfangen und Geben. Die spanische Formulierung »el amor consiste en comunicación de las dos partes« ist interessant, weil sie zwei Botschaften vermittelt: Die erste, dass Lieben zutiefst im Kommunizieren besteht. Und im Wort »partes«, steckt »partiri«, was »teilen« bedeutet. Erziehung zu Partnerschaft heißt nicht nur, das eigene Ich zu stärken, um selbstbewusst auf gleicher Augenhöhe sich zu begegnen, sondern bedeutet die Fähigkeit zu teilen auf allen Ebenen: auf der persönlichen, wirtschaftlichen, gesellschaftlichen, politischen. Ein Wort des letzten, frei gewählten Ministerpräsidenten der DDR, Lothar de Maizière, bringt dies zum Ausdruck: »Teilung wird überwunden nur durch Teilen.«

Lieben heißt, aus Dankbarkeit leben

Die erste Bitte von Ignatius ist: »Um innere Erkenntnis von so viel empfangenem Guten bitten« (EB 233). Er lädt dazu ein, weil für ihn die Fähigkeit, zu bitten und zu danken, Grundlage menschlichen Lebens ist. Wir besitzen nur das wirklich, wofür wir danken können.

Lieben heißt Dienen

Von Liebhabern und Liebhaberinnen ignatianischer Spiritualität wird immer wieder im Urtext zitiert »En todo amar y servir«, d.h. in allem lieben und dienen. Von Leuten, die auf Unterschiede bedacht sind, wird gesagt, ignatianische Mystik sei eine Dienstmystik und zumindest von der Sprache her keine Brautmystik. Proexistenz – so kennzeichnete der Exeget Heinz Schürmann die Daseinsweise Jesu. Gemeint ist damit »Dasein-für« im Dasein-mit bis hin zum glaubensmystischen Sein-in (Joh 17,21–26).

Lieben im Blick auf den hingegebenen Gott (EB 234)

Aus der Erfahrung alles geschenkten Guten im Leben solle man erwägen, wie sehr »derselbe Herr verlangt, sich selbst mir zu geben, sosehr er es nur kann«. Maßloser kann die Gottesliebe nicht ausgedrückt werden. Gott gibt sich »nach seinem göttlichen Maß«, ganz und gar.

Liebe ist antwortende Liebe (EB 234)

Im Blick auf diese Gottesliebe, die sich in allem selber gibt, kann Ignatius gar nicht anders, als »alle meine Dinge und mich selbst mit ihnen« Gott anzubieten mit den Worten: »Nehmt, Herr, und empfangt meine ganze Freiheit, mein Gedächtnis, meinen Verstand und meinen ganzen Willen, all mein Haben und Besitzen. Ihr habt es mir gegeben; Euch, Herr, gebe ich es zurück. Alles ist Euer, verfügt nach Eurem ganzen Willen. Gebt mir Eure Liebe und Gnade, denn diese genügt mir.« Die Schlussbitte klingt im Spanischen noch stärker: »Ésta me basta«. Sie erinnert an das Wort von Teresa von Avila: »Solo Dios basta – Gott allein genügt.«

Zum ignatianischen Hingabegebet sagte Papst Benedikt XVI. bei der 35. Generalkongregation der Jesuiten: »Ich verbinde mich mit euch in dem Gebet, das uns der heilige Ignatius in den Exerzitien gelehrt hat – ein Gebet, das mir immer zu groß scheint, so dass ich es fast nicht zu sprechen wage, und das wir uns dennoch immer wieder vornehmen sollten.«[6]

Die Liebe wohnt überall

Auf die Frage, wo Gott wohnt, kann man einfach Ignatius zitieren: »Schauen, wie Gott in den Geschöpfen wohnt: in den Elementen, indem er Sein gibt; in den Pflanzen, indem er belebt; in den Tieren, indem er Wahrnehmen macht; in den Menschen, indem er Verstehen gibt, und so in mir: indem er mir Sein gibt; indem er beseelt; indem er wahrnehmen macht; und indem er mich verstehen macht; ebenso indem er einen Tempel aus mir macht, da ich nach dem Gleichnis und Bild seiner göttlichen Majestät geschaffen bin« (EB 235).

Die Liebe verrichtet Schwerarbeit

Die Hingabe Gottes an und in seine Schöpfung hinein schildert Ignatius nicht als Fingerschnipsen oder Schwenken eines Zauberstabes, als sei alles federleicht. Er schreibt: »Erwägen, wie Gott sich in allen geschaffenen Dingen auf dem Angesicht der Erde für mich müht und arbeitet, das heißt sich in der Weise eines Arbeitenden verhält, wie in den Himmeln, Elementen, Pflanzen, Früchten, Herden usw.« (EB 236). – Jesus, »Sohn des Zimmermanns«, als Christus und »Architekt des Alls« (vgl. Kol 1,15–20) versteht etwas von Arbeit.

Von der Liebe durchströmt

Im letzten Hinweis zur Liebe gebraucht Ignatius ein Bild, das sich am einfachsten mit den Worten ausdrücken lässt: Setz dich unter die Sonne Gottes und lass dich von seinem Tau und Regen durchströmen. Er ist der, welcher »Leben und Atem und alles gib« (Apg 17,2). Wörtlich zitiert: »Schauen, wie alle Güter und Gaben von oben herabsteigen, etwa meine bemessene Macht von der höchsten und unendlichen von oben, und genauso Gerechtigkeit, Güte, Freundlichkeit, Barmherzigkeit usw.; so wie von der Sonne die Strahlen herabsteigen, vom Quell die Wasser usw.« (EB 237).

Bemerkenswert ist nicht nur die Einladung zum Verbleib unter einer Art Heilig-Geist-Dusche, sondern auch das Wörtchen bemessen, »bemessene Macht« usw. In diesem Sinn lautet eines der Tagesgebete der Messfeier: »Gott, du hast uns verschiedene Gaben geschenkt. Keinem gabst du alles – und keinem nichts. Jedem gibst du einen Teil. Hilf uns, dass wir uns nicht zerstreiten, sondern einander dienen mit dem, das du einem jedem zum Nutzen aller gibst. Darum bitten wir durch Jesus Christus unsern Bruder und Herrn. – Amen.«

VII. Gottes Liebe – Vor Ort und in allem

Alltagsspiritualität und der Sohn des Zimmermanns

Die Jünger, bewegt und erfüllt vom Sterben und von der Auferstehungsgegenwart Jesu, sollen nach Galiläa gehen, dort würden sie ihn sehen (vgl. Mt 28,10). Dort ist er vor Ort, im Alltäglichen, im Staub und für die Fischer beim nächtlichen Fang und Reinigen der Netze. Ein Wort von Wilhelm Raabe macht darauf aufmerksam: »Schaut auf zu den Sternen. Habt acht auf die Gassen.« Es gilt, die Spannung zwischen Ideal und Wirklichkeit, Ideologie und Realität, Weg und Ziel zu leben. Ohne diesen Doppelblick hebt man ab oder kommt ins Stolpern. »Gott in allem suchen und finden« ist ein wegweisendes Wort von Ignatius für Sonntagsträume und Alltagsleben.

»Ist das nicht der Sohn des Zimmermanns und sind nicht seine Brüder und Schwestern unter uns?« – so fragen die Mitbürger in Nazareth einmal. Ein Mann namens Nathanael aus einem Nachbarort sagt: »Was soll denn aus Nazareth Gutes kommen?« (Joh 1,46). Da kommt einer her, der ein einfaches Leben führt, werktags arbeitet, am Sabbat die Synagoge besucht. Wenn man daraus eine gute Botschaft für sich entnehmen will, dann wohl die: Ein »menschenfreundliches« und »gottgefälliges« Leben muss wohl unter allen Umständen gelebt werden können.

Auch der Weg als Wanderprophet hat Alltägliches an sich: Überraschende Wetterumschläge, Quartiersuche, Versorgung einer Reisegruppe, Umgang mit

Menschenmengen, vergessenes Brot, wenig Zeit für sich selber, Schlichtung von Rangstreitigkeiten, Diskussion mit Schriftgelehrten, Pharisäern, Sadduzäern, Herodianern, Jüngern des Täufers. Und der tägliche Kampf mit Unverständnis, Ängsten, Herzensverhärtungen, Machtansprüchen, Dogmen, Traditionalisten, Umstürzlern, Apokalyptikern, Endzeitpropheten, Heilsuchenden und Heilsüchtigen; Begegnungen mit Armen und Reichen, Profiteuren des Tempelbetriebs und armen Witwen, Nationalisten und Kollaborateuren mit dem römischen Imperium, mit Steuerfragen, Begegnungen mit Fans und Feinden, Heiden und Juden und römischer Besatzungsmacht, Gottsuchern und Gottesverächtern. – Für alle und alles finden sich Szenen in der Bibel.

Und Jesus? Er lebt, er liebt, er hört zu, er fragt nach und spricht von Gott und von Menschen in einer Weise, die aufhorchen ließ. Er weckte Widerstand und schenkte Befreiung und lebendiges Leben. Als Evangelium, d.h. als frohe Botschaft, werden seine Worte erfahren und benannt. Er sagt, man solle sich einfach fragen, was man sich in der Begegnung mit andern wünscht, und dann fairerweise bereit sein, ihnen dies auch anzubieten. »Dies ist das ganze Gesetz und die Propheten« (Mt 7,12; vgl. Mt 22,40; Gal 5,14). Später heißt es einmal: »Einer trage des anderen Last, so erfüllt ihr das Gesetz Christi« (Gal 6,2). Dies klingt nach den Worten des Propheten Micha: »Es ist dir gesagt worden, Mensch, was gut ist und was der HERR von dir erwartet: Nichts anderes als dies: Recht tun, Güte lieben und achtsam mitgehen mit deinem Gott« (Mi 6,8).

Gott und die Reich-Gottes-Bürger

Nach intensiven geistlichen Zeiten in Exerzitien ist immer wieder die Frage: Wie finde ich Gott und sein Wirken im Alltag, also in meinen Beziehungen, im beruflichen Tun, in der Freizeit, im Kranksein, in all meinen Lebenssituationen? In der Rede von der »Mystik des Alltags« (Karl Rahner) kommt die Hochschätzung des »normalen Lebens« zum Ausdruck.

Leben als Reich-Gottes-Bürger

Von »Reichsbürgern« ist seit einiger Zeit die Rede und gemeint sind damit Leute, welche die Rechtmäßigkeit des Staates zum Teil in aggressivster Form ablehnen. Was heißt es demgegenüber, »Reich-Gottes-Bürger« zu sein? Zuerst einmal, im Bewusstsein zu leben, dass wir alle Geschöpfe des einen Gottes sind und damit untereinander Brüder und Schwestern. Und natürlich heißt es, sich nach den Lebensweisungen der Zehn Gebote auszurichten: Achtet den Generationenvertrag; zerstört nicht durch Eigenmächtigkeit Leben; seid ehrlich und wahrhaftig; seid nicht ein Spielball eurer Begierden und Triebe; gefährdet nicht Beziehungen anderer. Und zuerst und zuletzt, macht euch und andere nicht zu einem Gott bzw. Götzen. Statt der Devise »Ich und sonst niemand« (Zef 2,15) besteht euer Leben im Miteinander der Liebe, in der Achtung der Würde des Menschen, wie es im Grundgesetz heißt und in der Charta der Menschenrechte.
Diese Grundworte und Regeln für das Spiel des Lebens lassen sich dann in tausend Kleinigkeiten übersetzen: Höflichkeit, Rücksichtnahme, geduldiges Warten, faires Spiel und Verhandeln, Vorschussver-

trauen, das man sich gewährt. Die Pandemie zeigt auf eigene Weise, was die Achtung vor dem eigenen Leben und dem anderer bedeuten kann.

Das von Jesus gegebene Vaterunser-Gebet ist eine Art »Präambel« für das Leben im Reich Gottes, dort kommt der Mensch in seiner Würde der Gottesursprünglichkeit, die Geschwisterlichkeit aller zur Sprache. Von ihr spricht auch Papst Franziskus in seinem Rundschreiben »Fratelli tutti – Geschwisterlichkeit aller und soziale Freundschaft«.

Das tägliche Brot und die Ehre Gottes

Warum das Essen als Paradebeispiel für die Gottessuche im Alltäglichen? Ein Grund dafür ist, dass Essen lebensnotwendig ist. Ein weiterer Grund, dass Essen auch in der Bibel auf verschiedenste Weise thematisiert wird, etwa im Blick auf Hungersnöte; die Speisung mit Manna und die »Giergräber« (Num 11,34). Auch die Situation Jesu, dass Leute ihn »mit Gewalt« zum Brotkönig machen wollen (vgl. Joh 6,1–9); das himmlische Hochzeitsmahl als Erlösungsbild und natürlich die Bedeutung des letzten Mahles mit Jesus und seinen Jüngern.

Wie soll möglich sein, was Paulus schreibt: »Ob ihr esst oder trinkt oder sonst etwas tut, tut alles zur Ehre Gottes« (1 Kor 10,31)? Das Erste ist wohl, das Dargebotene in Dankbarkeit zu genießen: »Wer Fleisch isst, tut es zur Ehre des Herrn, denn er dankt Gott dabei. Und wer kein Fleisch isst, unterlässt es zur Ehre des Herrn, und auch er dankt dabei Gott« (Röm 14,6). Schon dies ist eine erste Ehrung der »Früchte der Erde und der menschlichen Arbeit«, so wie es bei der Opferung in der Eucharistie heißt.

Entscheidend ist, Essen miteinander zu teilen. Es sterben über 20 000 Menschen täglich am Hunger und an seinen Folgen. Die Weltgesellschaft organisiert sich mit Aufbau teuerster Rüstung und führt Kriege um Wasser und Land, statt in Frieden zusammenzuarbeiten, um Leben zu ermöglichen.

Reich-Gottes-Menschen wissen, dass sie sich versündigen an sich selber und andern und der Natur, wenn sie in geradezu süchtiger Weise konsumabhängig sind. Ihre Gesundheit wird angegriffen und Lebensmöglichkeiten anderer werden gemindert oder gar zerstört. Für Paulus sind »maßloses Trinken und Essen und Ähnliches mehr« (Gal 5,21) Früchte des Bösen, Werke des Fleisches. »Wer so etwas tut, wird das Reich Gottes nicht erben« (Gal 5,21). In ihm lebt nicht das Wort Jesu: »Ich war hungrig und ihr habt mir zu essen gegeben« (vgl. Mt 25,35).

Ein Erlebnis eines Mitbruders aus der Kriegszeit bringt den ganz menschlichen und auch eucharistienahen Aspekt zusammen. Beim Rückzug der deutschen Armee wurde den Soldaten der Befehl gegeben, alle Getreidefelder zu verbrennen. Er verweigerte sich dem mit dem Argument, wovon Menschen leben und was Getreide für die Hostien in der Eucharistie sei, das verbrenne er nicht. Er hätte deshalb wegen Befehlsverweigerung erschossen werden können. Aber dieses Risiko hat er um der Menschen und seiner spirituellen Überzeugung willen auf sich genommen: Ob ihr esst oder trinkt oder sonst etwas tut, lasst darin Gott im Menschen groß sein.

Wie man Leben üben kann

»Teile und herrsche« heißt ein altes lateinisches Sprichwort. Dies gilt nicht nur, wenn man eine gegnerische Partei spalten oder schlagen will, sondern auch für den Weg des eigenen Wachsens, der Selbsterziehung. Darum weiß die moderne Verhaltenstherapie, die täglich Schritt für Schritt üben lässt. Darum weiß die ganze spirituelle Tradition von den Wüstenvätern an. Darum weiß Ignatius von Loyola, wenn er vom »Partikularexamen« spricht, d.h. von der Überprüfung eines Teilproblems. Als er einmal von der größten Gnade seines Lebens spricht, da sagt er, es sei ihm, als wäre er »ein anderer Mensch geworden« und habe ein »neues Denken« empfangen. Im Übrigen ist er aber Realist genug, dass er weiß, dass die Vorsätze, »ein ganz anderer Mensch zu werden«, nicht sehr hilfreich und wirksam sind ohne tägliches Üben. Martin Luther weiß darum, wenn er einmal sagt: »Ich ersäufe den alten Adam jeden Tag. Aber der Kerl kann schwimmen!«

Hilfen zum Üben des Übens

Wenn jemand durch Üben seine Lebensqualität heben möchte, dann sind dabei fünf Einsichten und Perspektiven wichtig. In einem Satz zusammengefasst: Bleibe bei einem, für das du dich selber frei entschieden hast und wozu du eine starke Motivation fühlst, für längere Zeit, am besten mit Hilfe von einem anderen!

Im Einzelnen bedeutet dies:
- Bei *einem* Vorsatz bleiben. »Der Weg zur Hölle ist mit guten Vorsätzen gepflastert«, nicht mit einem Vorsatz allein.

– Wenn man sich dazu *frei* und von sich aus entschieden hat, dann erhöht dies die Wahrscheinlichkeit, dass etwas in Gang kommt.
– Die *Motivation* muss stark und tief verankert sein. Dazu hilft entweder ein hoher Leidensdruck oder eine starke, begeisternde Vision.
– Man muss *längere Zeit dabeibleiben*. Sich Gewohnheiten zu schaffen braucht erfahrungsgemäß viel Zeit und manchmal mehrere Anläufe. Gewohnheiten machen Leben wohnlich.
– Man kann sich *von anderen helfen lassen*. Das kann eine Gruppe sein, die das gleiche »Musikstück« des Lebens einstudieren will. Es kann ein Einzelner sein, dem man während ca. zwei Monaten einmal jede Woche fünf Minuten lang erzählt, wie es einem geht. Für Ignatius ist dies eine der wichtigsten Hilfen. Natürlich kann auch eine entsprechende Begleitlektüre hilfreich sein.
– Besonders empfiehlt es sich, *schriftliche Aufzeichnungen* zu machen, am besten am Abend bei einem Rückblick.

Einige Hilfsfragen:
– Was genau will ich üben?
– Wann wäre mein Übungsziel erreicht?
– Gibt es Teilziele und Teilschritte?
– Wer und was hilft mir dabei?

Zusätzliche Tipps:
– Mache dir nicht zu große Vorsätze. Peter Faber, im Urteil von Ignatius der beste Exerzitiengeber, spricht aus Erfahrung: Vieles scheitere, weil man sich zu viel vornehme. Keck wäre am Ende von Exerzitien die Frage: »Was wäre denn der Kleinst-

mögliche Ihrer Vorsätze? Versuchen Sie es mit dem!«

- Schenk dir auf dem Weg ab und zu kleine Belohnungen.
- Sei dir bewusst, dass es normalerweise mehr als einen Anlauf braucht.
- Schau, ob jemand anderer noch das Gleiche mit dir zusammen einüben will.
- Stell dir ein Erinnerungszeichen – ein Bild, ein Symbol – auf, das dich an deinen Weg erinnert.
- Beim morgendlichen Vorausblick und auch zwischendurch sich kurz an das Einüben erinnern.
- Es ist gut, auch immer wieder einmal Pausen zu machen und nicht dauernd an sich herumzuarbeiten. Auch da gibt's den siebten Tag der Sabbatruhe. Jesus spricht von dem Bauern, der zwar ackert und sät, aber dann den Samen wachsen lassen darf, ja muss, und auf die Keim- und Wachstumskräfte des Samens vertrauen darf. Die Seele braucht Zeiten ruhigen Reifens ebenso wie Wachstumsschübe. Auch der Schlaf dient zur Verarbeitung, Ordnung und Sicherung des Erlebten und Erlernten.

Von Kindern üben lernen

Spielen und Arbeiten wird häufig auf Kinder und Erwachsene verteilt. Gelegentlich wird davon gesprochen, dass man spielend lerne. Aber Kinder kennen auch ernstes Mühen und Üben: Ein etwa vierjähriger Bub war auf seinem Dreirad umgekippt. Zu dritt gingen wir in Startstellung, um ihm bei Bedarf beizuspringen. Nichts dergleichen war nötig. Der Kleine rappelte sich hoch, stieg auf sein Dreirad, strampelte davon und rief halb im Davonfahren uns unbekannten

Erwachsenen zwei bedeutungsschwangere Sätze zu: »Das war jetzt ein Verkehrsunfall. Ich muss noch viel üben.« Bei so viel klagloser Einsicht und zukunftswilligem Üben: Aus dem Buben muss etwas geworden sein.

VIII. Zusätze und Nachbemerkungen

In diesem Kapitel werden einige Themen und Übungen behandelt, die den Zusätzen und einigen angehängten Regeln und Hinweisen im Exerzitienbuch entsprechen. Am ausführlichsten sind die Hinweise zur Bibel, die ja so etwas wie das Logbuch und der Reiseplaner auf dem Evangeliumsweg ist.

Das Buch der Bücher

»Die Bibel ist wohl das am häufigsten gedruckte Buch der Welt – und wahrscheinlich auch das einflussreichste« – so kündigte ein Magazin eine Textauswahl an. Dieses Buch aus 73 verschiedenen Büchern und Schriften ist auch für Menschen anderer Religionen und ebenso für religionslose Menschen eine Bezugsquelle, wenn sie sich über die abrahamitischen Religionen informieren wollen. So grundlegend die Bibel ist, so sehr sperrt sie sich auch in manchem unserem Verstehen und ist immer wieder »ein Buch mit sieben Siegeln.«

In der Liturgie und besonders auch in ignatianisch geprägten Exerzitien spielt die Bibel, das Evangelium, d.h. die frohe Botschaft, eine fundamentale Rolle. Im Folgenden sollen einige Hinweise gegeben werden, die helfen können, die Worte der Bibel, die nach ihrem eigenen Verständnis »Geist und Leben« sind, leichter zu erschließen bzw. Quellen von Missverständnissen ein wenig zu verschließen.

Man muss nicht alles verstehen

»Das versteh ich einfach nicht!« – Aber muss man denn alles ganz genau verstehen? Jesus fragt die Jünger: »Versteht ihr immer noch nicht?« (Mk 8,21). Im zweiten Brief des Petrus heißt es, manches, was der Bruder Paulus schreibt, sei schwer zu verstehen. Der äthiopische Hofbeamte, der aus dem Buch Jesaja liest, wird vom Diakon Philippus gefragt, ob er das denn verstehe. Seine Antwort: »Wie soll ich das verstehen, wenn mich niemand anleitet?« (Apg 8,31). Und der Schriftsteller Mark Twain sagt: »Mir machen nicht die Schriftstellen Probleme, die ich nicht verstehe, sondern die, welche ich verstehe.« Dies will wohl sagen, daran habe er schon genug, um damit zu leben und zurechtzukommen. Frère Roger von Taize rät: »Lebe das vom Evangelium, was du verstanden hast.« Und von Maria heißt es: »Sie bewegte die Worte der Hirten in ihrem Herzen.« – Im Herzen erwägen, darum geht es.

Die Bibel als Herz- und Handbuch des Liebens

Jesus, einmal danach befragt, was die Mitte des Gesetzes, der Hunderte von Regeln und Geschichten sei, gibt zur Antwort: »Du sollst den Herrn, deinen Gott, lieben aus ganzem Herzen, aus ganzer Seele und mit aller Kraft und mit deinem ganzen Denken.« Und dann heißt es: »Ebenso wichtig ist das zweite: Du sollst deinen Nächsten lieben wie dich selbst« (Mt 22,37f.) Dies kann wohl in dem Sinn verstanden werden: Versuche die Schrift so zu verstehen, dass Glauben, Hoffen, Lieben in dir wachsen – und schaue, was »Lieben« im Sinn des Evangeliums Jesu Christi meint.

Der Kirchenlehrer Augustinus drückt dies einmal sehr deutlich aus: »Wer also die ganzen heiligen Schriften oder wenigstens irgendeinen Teil davon verstanden zu haben glaubt, dabei aber doch durch dieses Verständnis jene Doppelliebe zu Gott und zum Mitmenschen nicht auferbaut, der hat sie noch nicht verstanden. Wer aber aus der Heiligen Schrift eine solche Antwort zieht, die zur Auferbauung dieser Liebe dient, der ist weder in verderblicher Täuschung noch überhaupt in Lüge befangen, auch wenn er etwas anderes sagt als der Schriftsteller, den er liest, an dieser Stelle nachweisbar gedacht hat.«[7] Paulus bringt es so auf den Punkt: »Das ganze Gesetz ist in dem einen Wort erfüllt: Du sollst deinen Nächsten lieben wie dich selbst« (Gal 5,14).

Gegensatz, Widerspruch oder Ergänzung?

Es wäre eine Fleißarbeit, alle Sätze der Bibel einander gegenüberzustellen, die wie Widersprüche klingen, sich aber, genau besehen und ausgelegt, ergänzen bzw. je andere Seiten der Wirklichkeit aufzeigen. Ein Beispiel dafür: Einmal heißt es in einem Gleichnis Jesu auf die Frage von Knechten, ob sie das Unkraut im Weizen ausreißen sollen: »Nein, sonst reißt ihr zusammen mit dem Unkraut auch den Weizen aus. Lasst beides wachsen bis zur Ernte« (Mt 13,28–30). Und im gleichen Evangelium ist jedoch auch zu lesen: »Wenn aber dein rechtes Auge dir Anstoß gibt, so reiß es aus und wirf es von dir; denn es ist besser für dich, dass eins deiner Glieder umkomme, als dass dein ganzer Leib in die Hölle geworfen werde« (Mt 5,29). Der Schriftsteller Eugen Roth hat wohl solche Worte im Blick, wenn er dichtet:

»Ein Mensch ist fest dazu entschlossen,
das gute Kräutchen wird begossen,
das Schlechte aber ausgerottet.
Doch ach, des Lebens Wachstum spottet,
oft fällt's schwer sich zu entschließen,
soll man nun rotten oder gießen.«[8]

Es geht darum, durch geistliche Lebenserfahrung zu finden, was jeweils angebrachter erscheint. Vor allem aber gilt es, in Demut zu sehen, dass all unser Urteilen begrenzt ist. Wir sind immer nur ein Lokalgericht; das abschließende Urteil, das »Bundesverfassungsgericht«, steht allein Gottes Heiligem Geist zu.

Das Wort: Tröstende Hand und Schwert

Es ist zum Mitfreuen, wenn Menschen davon erzählen, wie viel Frieden und innere Ruhe biblische Worte ihnen schenken. Nicht selten ist dies der Psalm 23 vom guten Hirten, der durch finstere Täler zum reich gedeckten Tisch hinführt. Aber es heißt auch: »Lebendig ist das Wort Gottes, kraftvoll und schärfer als jedes zweischneidige Schwert; es dringt durch bis zur Scheidung von Seele und Geist, von Gelenk und Mark; es richtet über die Regungen und Gedanken des Herzens; vor ihm bleibt kein Geschöpf verborgen, sondern alles liegt nackt und bloß vor den Augen dessen, dem wir Rechenschaft schulden« (Hebr 4,12f.). Wer immer nur Beruhigung in der Heiligen Schrift findet bzw. in wem vor allem beängstigende Aspekte im Vordergrund stehen, der tut gut daran, seine Sicht erweitern zu lassen vom Gott allen Trostes.

Wort-Täter und nicht Wort-Töter

Ignatius sagt im Exerzitienbuch, man solle die Liebe mehr in die Werke als in die Worte legen. Dies liegt ganz auf der Linie des Evangeliums. Wer ist gehorsam, fragt Jesus einmal rhetorisch: Wer ja, ja sagt und dann das Versprechen nicht hält oder wer zuerst nein sagt und dann doch der Bitte oder dem Befehl nachkommt? Die Antwort ist klar und sie sagt: Der Wahrheit des Evangeliums kommt man im Tun näher. Lass dich ein auf Einladungen und Forderungen des Evangeliums und du wirst seine Wahrheit und Wirksamkeit erfahren: »Lebe mich – und du wirst leben!«

Gotteswort in Menschenwort

Geistlich auslegen

Schärfer kann man es fast nicht ausdrücken: »Der Buchstabe tötet, der Geist aber macht lebendig« (2 Kor 3,6). Der Streit um Buchstaben kann verderblich sein: »Rufe ihnen das ins Gedächtnis und beschwöre sie bei Gott, sich nicht um Worte zu streiten; das ist unnütz und führt die Zuhörer nur ins Verderben« (2 Tim 2,14). Geistlich auslegen im guten Sinn meint Auslegung in Richtung von »Liebe, Freude, Friede, Langmut, Freundlichkeit, Güte, Treue, Sanftmut und Selbstbeherrschung« (Gal 5,22). Im Sinn des Ungeistes sind jene Auslegungen, die »Feindschaften, Streit, Eifersucht, Jähzorn, Eigennutz, Spaltungen, Parteiungen, Neid und Missgunst« (Gal 5,19) provozieren.

Der Apostel Paulus dankt einmal ausdrücklich dafür, dass seine Leser und Hörer in seinen menschlichen

Worten den Gottesgeist heraushören. »Gotteswort in Menschenwort« müsste eigentlich nach jeder Lesung gesagt werden und daran erinnern, dass in Christus das Wort Fleisch geworden ist. Die Botschaft ist ganz menschlich mit allen Begrenztheiten, Entwicklungen, Unsicherheiten und Erklärungsversuchen – und zugleich vom Gottesgeist inspiriert. Das zeigt sich schon in den vier Evangelien, ihren redaktionellen Schwerpunkten, ihrem Aufbau, den manchmal verschieden lautenden Texten. Es gilt zu unterscheiden, was sind Gleichnisse, Gedichte, Hymnen, historische Nachrichten, der jeweilige naturwissenschaftliche Stand usw. Sonst quält man sich damit herum, wie man in der Arche zig Millionen Tierpärchen unterbringen soll, wie die Schöpfung entgegen aller naturwissenschaftlichen Erkenntnis in sieben Tagen geschaffen sein soll usw. Und man muss auch damit zurechtkommen, dass ein bloßes »Es steht geschrieben …« noch nicht der Weisheit letzter Schluss ist: In der bekannten Versuchungsgeschichte zitieren beide, Jesus und der Versucher, die Bibel richtig (vgl. Lk 4,1–12). Es gilt, menschliches Suchen nach Verstehen immer in Demut offenzuhalten für das Wirken des Geistes Gottes. Im Epheserbrief wird es so gesagt: »Er erleuchte die Augen eures Herzens, damit ihr versteht, zu welcher Hoffnung ihr berufen seid« (Eph 1,18). Und wenn Jesus einlädt, in seiner Liebe zu bleiben, so wie er sich vom Vater geliebt weiß und er die Seinen liebt (vgl. Joh 15,9f.), dann fügt er hinzu: »Dies habe ich euch gesagt, damit meine Freude in euch ist und damit eure Freude vollkommen wird« (Joh 15,11). Für die frohmachende Botschaft wird zu Recht gesagt »Gott sei Dank« – und Dank gilt auch den Menschen, die diese Botschaft gehört, weitererzählt, aufgeschrieben und weitergelebt haben.

Lesen mit den »Augen des Herzens«

Für eine Lektüre mit Herzensaugen lassen sich auch konkrete Anregungen geben:

- *Eine Stelle auswählen* kann heißen: einfach aufschlagen; die Lesungstexte des kommenden Sonntags auswählen; einmal ein ganzes Evangelium oder einen Brief über eine längere Zeit hin oder auch alle Stellen meditieren, die von einer Person, sei es Maria oder Petrus usw., handeln.
- Man kann in einer *Wortkonkordanz* oder einem Stichwortverzeichnis am Ende einer Übersetzung ein Thema nachschlagen, das einen gerade interessiert.
- *Achtsam lesen:* Langsam und ruhig den Text lesen und sich vielleicht vorher fragen, was denn alles so drinsteht. Man kann dann *Wort für Wort* oder Vers nach Vers lesen und das Kommende abdecken und sich dann überraschen lassen.
- Manche lesen einen Text mit Gewinn *zehnmal nacheinander.*
- Den Text *abzuschreiben* kann ihn mehr zum Sprechen bringen.
- Eine eigene Methode ist, den Text *mit drei Zeichen zu versehen*: Mit einem Ausrufezeichen, wo mir etwas aufgegangen ist; mit einem Fragezeichen, wo mir eine Frage gekommen ist; mit einem Gedankenstrich, wo ich merke, dass etwas in meinem Leben weitergehen möchte.
- Wer einen *Text auswendig* lernt, dem kann er innerlicher werden.
- Eine der vielen *Fragen Jesu an die Menschen* beantworten.

- Den Text in der *Ich-Du-Form* lesen: »Und dann kamst du, Jesus, und sagtest, ich solle eilends von dem Baum herabsteigen …«
- Die Szene *aus der Perspektive Jesu* durchleben: »Und da sah ich dich blinden und lahmen Menschen in deiner Hilflosigkeit und fühlte Mitleid mit dir und sagte … und berührte dich …«
- Mit den einzelnen Personen bzw. Rollen *ins Gespräch kommen*: »Na, und ihr Pharisäer, wie geht's euch denn mit … usw.? Jesus, was hast du denn gefühlt und gedacht …?«
- Man kann sich *von Jesus einladen lassen* zu einem Gespräch, in dem er eine Begegnung von sich her erzählt.
- Mit dem Text *umgehen wie ein Regisseur*: Er muss den Text kennen, seinen Sinn und seine Dynamik verstehen. Er muss die verschiedenen Szenenabschnitte wahrnehmen, sich in die Rollen einfühlen. Er muss eine ungefähre Vorstellung von den Räumen haben – den Kulissen (nach Ignatius die compositio loci, die »Bereitung des Schauplatzes«).
- Ignatius lädt ein, zum Ende der biblischen Betrachtung in ein *inneres Zwiegespräch* mit Christus zu kommen oder mit anderen Personen der Schriftstelle oder mit Maria.
- *Bleiben mit einem einzigen Wort*, einem einzigen Vers (vgl. das »Jesusgebet«) – eventuell im Rhythmus des Atmens oder das Wort in Abständen aussprechen und dann nachklingen lassen.
- Eine *geistliche Episode meines Lebens schreiben* in einem kurzen Text, der dann in einer Neuauflage des Evangeliums veröffentlicht würde …
- Fragen und *Hinweise am Ende* der Meditation:

- Was löst die Betrachtung in mir aus – in meinem Denken, Fühlen, Wollen, Tun, im Herzen und Sein?
- Wo sehe ich Verbindungen mit meinem Leben und wachsen daraus Impulse, Fragen, Erkenntnisse?
- Wiederholt zu einer Schriftstelle bzw. zur Frucht der Betrachtung zurückkehren, so kann Vertiefung geschehen.

Entscheidend ist, das Leben als das gelebte Evangelium lesen und verstehen zu lernen. Die Bibel ist wie ein Reiseführer durch das Evangeliumsland.

Nimm und lies – oder doch nicht?!

Augustinus: »Nimm und lies!«

Augustinus, einer der großen Kirchenväter, erzählt in seinen »Bekenntnissen« von einem wichtigen Erlebnis auf seinem Weg der Bekehrung. Er hört, wie von einer Art Kinderstimme wiederholt in singendem Ton die Aufforderung kommt »Nimm und lies«. Er schlägt willkürlich eine Bibel auf und findet eine Stelle, die richtungweisend für sein Leben wird: »Lasst uns ehrenhaft leben wie am Tag, ohne maßloses Essen und Trinken, ohne Streit und Eifersucht. Legt als neues Gewand den Herrn Jesus Christus an« (Röm 13,13). Und dann schreibt er: »Ich wollte nicht weiterlesen, es war wahrlich nicht nötig; denn bei dem Schluss dieser Worte kam das Licht des Friedens über mein Herz, und die Schatten des Zweifels entflohen.«[9]

Ignatius: Das Leben Christi

Auf eine eigene Weise wurde Lektüre für Ignatius bedeutsam, lebenswendend und lebensgestaltend. Während seiner Krankheit mit der Schussverletzung lag er zu Bett in seinem Heimatschloss in Loyola. Die Bibliothek war äußerst arm bestückt. Keiner seiner geliebten Ritterromane fand sich und so gab man ihm stattdessen »ein Leben Christi und eine Sammlung von Heiligenleben« (BP 5). Von den ca. 90 Seiten seiner geistlichen Biographie erzählen immerhin einige Seiten, was durch die Lektüre mit ihm und in ihm geschah (BP 5–9): Er lernte die Evangelien und damit Christus näher kennen und schrieb vom Evangelium viele Seiten ab und unterstrich die Worte von Jesus und von Maria rot und blau; er achtete auf innere Regungen der Seele; er lernte zu unterscheiden zwischen einem schalen Geschmack nach der Lektüre der Ritterromane und einem bleibenden Frieden, wenn er Biblisches las; er nahm sich Heilige und ganz zentral Christus als Vorbild für die Gestaltung seines Lebens. Die Wirkung beim betrachtenden Lesen beschreibt er so: »Da er bei dieser Lektüre nicht wenig Erleuchtung erhielt, fing er an, über sein vergangenes Leben nachzudenken« (BP 9).

Die Bedeutsamkeit dieser Erfahrung nimmt er in sein Exerzitienbuch auf. Für die Zeit, da sich der Blick der betenden und meditierenden Menschen ganz auf Christus richtet, schreibt er: Es ist »sehr nützlich, zuweilen in den Büchern der Nachfolge Christi oder der Evangelien und der Heiligenleben zu lesen« (EB 100).

Sicher kann in Exerzitien eine Gefahr darin liegen, dass jemand »Bücher verschlingt«, statt Botschaften zu

»verkosten« (EB 2) und im Buch des eigenen Lebens zu lesen. Es lohnt sich zu fragen, was die eigene Lektüre über einen selber alles sagt. Welche Bücher wurden im guten oder weniger guten Sinn wichtig für mich? Und welche optische Lektüre von Filmen, Internetkonsum usw. haben zu meiner Bildung oder auch Missbildung beigetragen? Und welche Rolle spielt für mich die Bibel, das »Buch der Bücher«?

Es singe, wem Gesang gegeben

Immer wieder erzählen Menschen, was ihnen Lieder, auch Kirchenlieder, bedeuten. Manche suchen sogar selbst Lieder oder ein Lied, das ihnen viel bedeutet, für den Gottesdienst oder gar für das Begräbnis aus. Einige sagen, dass sie nebenbei, etwa bei der Hausarbeit, ein Lied oder die Strophe eines Liedes singen. Pflegepersonal oder Besucher von älteren Menschen, auch von Dementen, erzählen, diese könnten noch auswendig singen. In Gemeindegottesdiensten, in tausenden Kirchenchören wird gesungen. Nicht umsonst heißt es: »Wer singt, betet doppelt.« Und volkstümlich heißt es: »Es singe, wem Gesang gegeben.«

Melodien meines Lebens

Warum nicht einmal über die eigene Lieder-Geschichte nachdenken oder auch sich darüber unterhalten: Welche Lieder mag ich besonders gern? Gibt es für mich ein Lieblingslied? Was sind meine frühesten Lieder? Gutenachtlieder? Schlagertexte? Protestgesänge und Freiheitsbotschaften wie »Die Gedanken sind frei, wer kann sie erraten?«? Bei welchen Liedern kann ich fast nicht mehr mitsingen wegen des Textes oder der Melodie? Könnte ich nicht zu einer schönen Melodie selber einen Text dichten oder eine eigene Herzensmelodie summen?

Kleine Entdeckungen

In Kirchenliedern gibt es vielerlei Interessantes. Man kann in den Fußnoten entdecken, in welchen Zeiten ein Lied entstanden ist, und fühlt sich in einer großen Tradition beheimatet. Bei manchen hoffnungsgeladenen Liedern ist man erstaunt zu lesen, dass sie etwa in der Zeit des Dreißigjährigen Krieges entstanden sind. Was sind unsere Weltzeit-Lieder? Wann sind neue Strophen dazugekommen?
Man kann auf bekannte Namen stoßen wie etwa den Jesuiten Friedrich von Spee, den Vorkämpfer gegen die Verfolgung von Frauen als Hexen. Gleichzeitig schrieb er innige Liedtexte, die bis heute gesungen werden. Dietrich Bonhoeffer ist vielen bekannt vor allem durch seinen später vertonten Text »Von guten Mächten treu und still umgeben, behütet und getröstet wunderbar, so will ich diese Tage mit euch leben und mit euch gehen in ein neues Jahr.« Wenn Lieder mit »ö« gekennzeichnet sind, dann heißt dies, dass sie ökumenisch, über die Grenzen der Konfessionen hinweg, gesungen werden.

Biblische Einladungen

Biblische Verse können zum eigenen Singen einladen:
- »Singt dem Herrn ein Lied« (Ex 15,21)
- »David und das ganze Haus Israel tanzten und sangen vor dem Herrn« (2 Sam 6,5)

- »Der wohlklingende Gesang der Vögel« (Weish 17,17)
- »Ich will ein Lied singen von meinem geliebten Freund« (Jes 5,1)
- »Da sangen die drei im Feuerofen wie aus einem Mund« (Dan 3,51)
- »Um Mitternacht beteten Paulus und Silas und sangen Loblieder« – im Gefängnis (Apg 16,25)

Die Einladung steht: Singt, wie der Geist es euch eingibt, singt alte und neue Lieder, meditiert die Gesangsworte, lasst euch von ihnen tragen. Und hört auf Gottes Melodie in euch. Er hat uns geschaffen durch seine Worte. Ob er sie nicht gesungen hat und wir Gottes Gesang sind – eingeladen zum Mitgesang? – »Bald aber sind wir Gesang«, so schreibt Friedrich Hölderlin in seinem Text vom »Friedensfest«.

Heilige Zeichen und Zeiten

Ignatius hat sich besonders für die Kultur der Beichte, d.h. des Sakramentes der Umkehr und Vergebung, und den oftmaligen Besuch der Eucharistie mit Empfang der Kommunion eingesetzt. Die Siebenzahl der Sakramente wurde auf dem Konzil von Trient zur Lebenszeit von Ignatius festgelegt. Die Feier der Sakramente lässt sich unschwer mit menschlichen Situationen in Verbindung bringen wie Geburt, Versöhnung, Feiern der eigenen Identität, Eheschließung, geistliche Berufung, Krankheit und Gesundheit und Sterben. Sakramente sind heilige Zeichen bzw. Handlungen, welche für die menschlich-geistliche Existenz und das spirituelle Leben eine besondere Bedeutung haben. Sie so zu verstehen und zu meditieren kann beitragen, ihre Lebendigkeit zu entfalten.

Christus selber wird immer wieder als das Ursakrament bezeichnet, d.h., dass in ihm, in seinem Leben und Sterben der Bund Gottes mit dem Menschen in Person präsent ist.
In der *Taufe* kommt zum Ausdruck, dass jemand sich als Mitglied der christlichen Gemeinschaft versteht und aus ihrem Glauben, Hoffen und Lieben leben möchte. In der Beichte, dem *Sakrament der Versöhnung,* gibt sich ein Mensch hinein in das Geschehen von Gerechtigkeit und Barmherzigkeit. Es geschieht Befreiung von der Last der Sünde hin zu einem versöhnten Leben. In der *Eucharistie*, der Messfeier, mit Christus als dem Brot des Lebens feiern Christen ihre Lebens- und Liebesgemeinschaft. Der gläubige Ausdruck dafür in jeder Messe lautet: »Geheimnis des Glaubens – Deinen Tod, o Herr, verkünden wir und deine Auferstehung preisen wir, bis du kommst in Herrlichkeit.« Die *Firmung*, die Konfirmation, bringt zu Bewusstsein, dass der »begeisterte« Christenmensch eingeladen ist, was er empfangen hat, weiterzugeben und offen zu bezeugen durch sein Leben und seine Worte. Die *Ehe* singt das Lied der Liebe »in guten und in bösen Tagen«, wie es in der Liturgie heißt, wenn zwei Menschen sich das Jawort für ihr Leben geben. Die *Krankensalbung* weiß um die Verwundbarkeit und die Verletzungen des Menschen, seine Heilungsbedürftigkeit, und lädt zu helfendem Beistand ein und zu Begleitung bis ins Sterben und darüber hinaus.
Es gibt verschiedene Weisen, sich die Botschaft der Sakramente zu vergegenwärtigen. Immer ist dabei die Frage sinnvoll: Was bedeutet dieses Sakrament und seine Geschichte für mich und mein Leben? Es kann sein, dass sich aufgrund einer bestimmten Lebenssituation ein einzelnes Sakrament besonders anbietet,

oder man feiert bewusst den Tauftag, die Firmung, den Hochzeitstag usw. Nicht selten spielt bei evangelischen Christen auch ein biblisches Wort zur Taufe oder Konfirmation eine größere Rolle. Es könnte eine Hilfe zum Verstehen des Glaubens sein, wenn man die Heilige Schrift liest und bei einzelnen Szenen oder Worten eine Verbindung zum sakramentalen Geschehen sucht; so etwa zur Taufe, zu den Heilungen, dem Wirken des Heiligen Geistes, zu Hochzeitlichem usw. Welches sakramentale Zeichen geschieht da mitten in der Lebensrealität im Evangelium? Bei solchem Umgang kann die Einsicht wachsen: Sakramente sind Elemente und Inspiration christlichen Lebens.

IX. Leben im Gotteskontakt

Beten ohne Unterlass – aber wie?

Die biblische Einladung »Betet ohne Unterlass« beantwortet Augustinus damit, dass dieses immerwährende Beten die Sehnsucht des Herzens nach Gott sei. Die Gebetsworte seien dann wie Holzstücke, welche die Glut zum Aufflammen bringen. Für Ignatius macht die »reine Absicht«, d.h. die Motivation der Liebe, alles zum Gebet. Im sog. Vorbereitungsgebet vor jeder Meditation lädt Ignatius ein: »Gott, unseren Herrn, um Gnade bitten, damit alle meine Absichten, Handlungen und Betätigungen rein auf den Dienst und Lobpreis seiner göttlichen Majestät hingeordnet seien« (EB 46). Dies ist ein Leben im Gotteskontakt, auch wenn dies immer wieder als »Wackelkontakt« erlebt wird.

Beten ausprobieren

Ignatius rät in einem Brief dazu, man solle die Weise des Betens suchen und leben, bei der sich einem Gott am meisten mitteilt. Da man dies nicht einfachhin wisse, müsse man es ausprobieren. Wie soll man das tun? Dazu einige biblische Tipps:
– wie Hanna das Herz vor Gott ausschütten
– wie Paulus im Heiligen Geist weinen und seufzen
– wie David vor dem Herrn tanzen und jubeln und singen
– wie der geheilte Aussätzige danken
– wie die Witwe nicht aufhören mit Bitten
– wie Aufgescheuchte still werden in Gott

– wie Maria hören auf Gottes Geist
– wie Maria Botschaften im Herzen bewegen
– wie die Jünger »den Meister« fragen
– wie Jesus bei allem in Beziehung zu seinem »Abba« leben
– wie Elias auf die Gottes-Stille lauschen
– wie Jesus am Ölberg mit Gott ringen
– wie Jesus am Kreuz Verlassenheit durchleben
– wie Jesus in seinem Leben und Sterben sich in die Hände Gottes legen
– wie die Menschen und die Jünger mit Christus ins Gespräch kommen
– wie Psalmisten Gott klagen
– wie die Apostel, die Jünger, die Frauen und Maria im Heilig-Geist-Gebet zusammen sein
– wie die christlichen Gemeinschaften Eucharistie feiern
– wie an allem Verzweifelte vor Gott fluchen
– wie Hiob alle Lebens- und Todesnot vor Gott bringen
– wie alles, was Atem hat, Gott loben
– wie in der Gottessehnsucht immer im Gebet sein
– wie Paulus den Heiligen Geist in sich beten lassen
– wie viele Betende ins Rosenkranzgebet einschwingen
– wie nicht wenige die Gebete der Tradition mitbeten
– wie der russische Pilger in einem Wort oder Satz bleiben

Kontemplativ – aktiv – liebeserfüllt

Jahrhundertelang sprach man vom kontemplativen und aktiven Leben bzw. Stand und meinte das aktive Leben der Laienchristen »in der Welt« und das kontemplative Leben von Menschen in Klöstern. Nicht ganz selten war dies verbunden mit der Frage, was »das Vollkommenere« sei. Dies wurde auch verknüpft mit der Geschichte von Martha und Maria. Für Ignatius war dies nicht die Frage. Er schreibt im Exerzitienbuch, man könne in jedem Stand und jeder Lebensform auf dem Weg des Wachsens, der Vervollkommnung (EB 135) sein.

Damit es besser fließt

Eine Antwort auf die Frage von Kontemplation, Aktion und »immerwährendem Gebet« fand ich vor vielen Jahren in einem Erlebnis, das mir eine Oma erzählte. Sie saß mit ihrer Enkelin Tanja im Zimmer zusammen. Die Kleine war, wie man so sagt, ganz ins Spiel versunken. Eine halbe Stunde ging zwischen den beiden nichts hin und her. Dann stand die Kleine auf, kuschelte sich wortlos auf dem Sofa an die Oma, stand wieder auf und gab der Oma im Weggehen einen kleinen Stupser mit dem Ärmchen und erklärte: Damit es besser fließt. Dann spielte sie wieder hingegeben weiter. Was spielte sich in dem Bewusstsein der Kleinen ab: Auf der oberen Stufe liefen ihre Aktionen, das Spiel mit den Puppen usw.; darunter aber muss es ein Gefühl der Verbundenheit mit der lieben Oma gegeben haben. Diese nur leise, halbbewusste Verbundenheit muss etwas abgenommen haben, so wie etwa die Wärme in einem Zimmer: Zuerst fühlt man sich bewusst oder unbewusst wohl, nimmt die Abkühlung zuerst gar nicht wahr, spürt sie dann immer mehr, bis man aufsteht und die Heizung weiter aufdreht. Dieses Beispiel kann zeigen, wie aktives Tun, halbbewusstes Spüren der Atmosphäre und bewusstes Zusammensein ineinander zusammenspielen. Außerdem ist der Abschiedsschubser ein hübsches Beispiel, was man mit Stoßgebet – die Wüstenväter nannten es auch »Pfeilgebet« – meint. Augustinus spricht davon, dass die Sehnsucht nach Gott – bewusst oder unbewusst – das »immerwährende Gebet« sei. Und Ignatius schreibt einmal, dass »die reine Absicht«, d.h. die liebegeladene Motivation, alles zum Gebet mache. Paulus spricht davon, dass »die Liebe Christi uns drängt«, uns motiviert. Alles ist Leben im Gotteskontakt.[10]

Leben und Wirken mit kontemplativem Herzen

Pater Hieronimus Nadal hat im Auftrag von Ignatius die Spiritualität des Ordens vielerorts weitergegeben an die Mitbrüder und fand eine eigenartige Formulierung, nämlich, die Lebensform der Jesuiten sei eine »vita activa superior«, also ein aktives Leben von »höherer Qualität«. Diese Qualität bekommt diese Lebensform dadurch, dass sie aus einem kontemplativen Herzen lebt, und so schreibt Nadal: »So also muss unser Gebetsleben sein, dass es all unser Wirken leite, mehre, ihm innere Geistesfreude und Kraft gebe in unserem Herrn. Unser Arbeiten aber soll das Beten wachsen lassen, ihm Kraft und heilige Fröhlichkeit verleihen. Wenn so Martha und Maria eins sind und so sich helfen, dann wird nicht nur eine Seite des christlichen Lebens in uns Wirklichkeit werden, auch nicht nur die edlere, d.h. das beschauliche Leben, sondern Maria lässt all die Kümmernis und die Sorge um das Viele still werden, hilft der Martha und ist mit ihr vereint in unserem Herrn ... Man muss es oft bedenken, dass die vita activa und contemplativa gemeinsam ihren Weg gehen müssen. ... So reift eine ‚vita activa superior‘ heran, in der Tat und Beschauung eins geworden sind, die die Kraft hat, beide überall auszuwirken, wie es dem größeren Dienst unseres Herrn entspricht. Mit einem Wort: Das Wirken der Liebe, die ganz eins ist mit Gott: das ist das vollendete Tun!«[11]

Mit 17 träumt man – oder auch noch mit 71?

»Mit 17 hat man noch Träume«, so beginnt ein alter Schlager von Udo Jürgens. Interessanterweise heißt es vom alttestamentlichen Josef, dass er mit 17 Jahren Träume hatte. In ihnen kam er gegenüber seinen Brüdern und Eltern groß heraus (vgl. Gen 37,5–11). Dies führte dazu, dass er nach Ägypten verkauft wurde und dort einen sagenhaften Aufstieg machte. Durch eine Intrige kam er ins Gefängnis. Als ihn dort Mitgefangene baten, ihre Träume zu deuten, sagte er: »Ist nicht das Träume-Deuten Gottes? Erzählt mir mal!« (Gen 40,8). Später kam es zu der bekannten Deutung, dass Josef dem Pharao sieben fruchtbare Jahre voraussagte und daher Vorräte gesammelt wurden, von denen man während der folgenden sieben Hungerjahre zehrte. Josef konnte mit seiner in Not geratenen Familie Nahrung teilen und sich versöhnen.

Von einem anderen Josef, dem Mann von Maria, wird auch ein zugleich notvoller wie tröstlicher Traum erzählt. Für Josef war es eine Frage geworden, ob er sich von Maria trennen solle. Vom Geist wurde ihm eingegeben, er solle sie zur Frau nehmen (Mt 1,18–25), und später auch, dass er mit ihr und Jesus nach Ägypten fliehen solle (Mt 2,13–23).

Es gibt eine ganze Reihe von Träumen in der Bibel: Der nächtliche Wachtraum von Jakob, der wieder heimkehren wollte (Gen 28,10–22). Besonders eindrücklich ist der Traum von König Salomo, nach dem er Gott um ein »hörendes Herz« bat, um gut regieren zu können (1 Kön 3,5–15). Benedikt XVI. erwähnte diese Bitte 2011 in seiner Rede vor dem Bundestag und zitierte Augustinus: »Nimm das Recht weg – was ist dann ein Staat noch anderes als eine große Räuberbande?«[12]

Es ist eine Erfahrung vieler, die auf dem Exerzitienweg sind, dass sie in dieser Zeit lebendiger träumen und sich auch öfters an Träume erinnern. Sie fragen sich auch, was diese zu bedeuten hätten. Manche der Träume sind so klar, dass sie keiner Deutung bedürfen. Einzelne haben sogar in einem Traum eine ihrer tiefsten spirituellen Erfahrungen gemacht, die auch den Lebensalltag inspirierten.

Einige kurze Hinweise zum Umgang mit Träumen:

- Träume sind nicht bloße Schäume, sondern – auch wenn sie nicht erinnert und gedeutet werden – wichtige Verdauungsprozesse der Seele.
- Was kommt der begleitenden Person selber zu in einem Traum, den sie für wichtig hält?
- Fallen jemandem zu einem erinnerten Gefühl des Traums Situationen und Personen des Lebens ein? Dies kann eine Spur sein.
- Welcher Traum kehrt immer wieder und hat vielleicht eine Botschaft für mich?
- Welche Wachträume habe ich?

Den Fragen sei noch ein traumhafter Traum aus einer Exerzitienbegleitung hinzugefügt. Die betroffene Person, die in einer sehr verwirrenden, für sie fast aussichtslosen Situation gewesen war, erzählte: »Ich war in einem Wald, verlor alle Wege, wusste nicht mehr, wohin. Da begann ich den Rosenkranz zu beten, und da wurde das Kreuz immer größer, bis Jesus in voller Größe vor mir war. Ich schaute zu ihm auf und sagte: Der Begleiter sagt, er habe noch Hoffnung für mich. Darauf stieg Jesus vom Kreuz, nahm mich bei der Hand, führte mich an den Rand des Waldes. Ich schaute hinaus in ein großes Licht.«

Dasein in der Anbetung

Wenn die Rede von Anbetung ist, dann kann die Anbetung vor dem »Allerheiligsten«, im Blick auf die Hostie in einer Monstranz, gemeint sein. Ganz ursprünglich und im Kern meint Anbetung das schlichte Dasein im Dasein dessen, der seinen Namen nennt mit den Worten »Ich-bin-der-ich-bin-da« bzw. »Ich-bin-der-ich bin« oder auch »Ich-bin-wo-du-bist«.
Was ist und meint Anbetung? Der Jesuit Alfred Delp, im Dritten Reich in Berlin-Plötzensee als Widerständler hingerichtet, schreibt aus dem Gefängnis: »Brot ist wichtig, die Freiheit ist wichtiger, am wichtigsten aber die unverratene Treue und Anbetung.«[13] Auf dieses Zitat sich beziehend, schreibt Gotthardt Fuchs: »Anbetung heißt: Gott Gott sein lassen, ihm die Ehre geben und gerade dadurch Mensch werden, Mitmensch und Mitgeschöpf. Brot – Freiheit – Anbetung: Sie sind für Delp kein Gegensatz, sie gehören innerlich zusammen. Welch ein Vermächtnis, welch ein Programm, auch heute!«[14]

Ehrfurcht vor Größe und Würde als Quelle von Anbetung

Anbetung gebührt Gott allein. Dies wird besonders in der Szene deutlich, wo der teuflische Versucher Jesus alle Reiche der Welt sehen lässt und sie ihm verspricht. »Das alles will ich dir geben, wenn du dich vor mir niederwirfst und mich anbetest.« Die Antwort Jesu: »Weg mit dir, Satan! Denn in der Schrift steht: Vor dem Herrn, deinem Gott, sollst du dich niederwerfen und ihm allein dienen« (Mt 4,9f.). Anbetung im Ursinn gebührt Gott. Die innere Haltung kann sich ausdrücken im Knien, in der Verbeugung, so, wie die Frauen in der Begegnung mit dem Auferstandenen sich »auf den Boden warfen und seine Füße umfassten« (Mt 28,9).

Der Blick auf die Brothostie – Christus als Brot des Lebens

Brot ist Brot und nährt und ist Lebensmittel. Der Mensch ist, was er isst. Brot ist in den biblischen Texten oftmals präsent wie etwa in der Geschichte vom Manna, dem »Brot vom Himmel«. Vielfach ist vom Brot auch im Leben Jesu die Rede: bei der Versuchung, Steine in Brot zu verwandeln; bei den vielen Tischgesprächen; beim Wunder der Vermehrung der fünf Brote und zwei Fische. Ganz zentral ist die Szene beim Abendmahl; in ihm feiert die christliche Gemeinschaft die Nähe Jesu als ihr Lebensbrot, ihre »wahre Seelenspeise«, wie ein Kirchenlied singt. Jesus, der Christus, ist das »Brot vom Himmel«, ist die Lebensspeise und das Leben für die Seinen.

Stille – Hören – Antworten

Am meisten fällt in der Zeit der Anbetung die Atmosphäre und Wirksamkeit der Stille auf. Adolfo Nicolás schrieb vor Jahren an seine Mitbrüder in aller Welt:

»Wir brauchen nichts so sehr wie den Geist der Stille, weil wir sonst nicht darauf hören, was Gott uns, der Kirche, den Menschen sagen will.« Psalm 37 lädt die Betenden zur Stille mit den Worten ein: »Sei still vor dem Herrn und harre auf ihn!« (Ps 37,7). Eine Erfahrung von »Stillung« drückt der Psalm 132 aus: »Ich ließ meine Seele ruhig werden und still; wie ein kleines Kind bei der Mutter ist meine Seele still in mir« (Ps 131). Im Blick auf Jesus wird einmal von der Stillung eines Sturmes gesprochen: »Schweig und sei still! Und der Wind legte sich, und es trat völlige Stille ein« (Mt 8,26, Lk 8,24).

Wir sind der Tempel – in ihm geschieht Gott

Ignatius schreibt im Exerzitienbuch, dass Gott »einen Tempel aus mir macht, da ich nach dem Gleichnis und Bild seiner göttlichen Majestät geschaffen bin« (EB 235). Paulus drückt dies fragend und im Plural aus: »Wisst ihr nicht, dass ihr Gottes Tempel seid und der Geist Gottes in euch wohnt?« (1 Kor 3,16). Anbetung geschieht zumeist in einer Kirche, einem Tempel. Dies ist der äußere Raum. Aber es sind die Betenden selber, die den Raum bilden. In einem Gebet von Klemens Tillmann kommt zum Ausdruck, wie Gott sich im Menschen Raum schafft: »O Gott, ich bete dich an: du Weisheit, die mich erdacht; du Wille, der mich gewollt; du Macht, die mich geschaffen; du Gnade, die mich erhoben; du Stimme, die mich ruft; du Wort, das zu mir spricht; du Güte, die mich beschenkt; du Vorsehung, die mich leitet; du Barmherzigkeit, die mir vergibt; du Liebe, die mich umfängt; du Geist, der mich belebt; du Ruhe, die mich erfüllt; du Heiligkeit, die mich wandelt; dass ich nimmer ruhe, bis ich dich schaue: O Gott ich bete dich an« (Gotteslob, S. 49).

Vater unser – im Plural vor Gott

»Was kommt euch denn, wenn ich das Wort Vater nenne?«, so fragte ich einmal im Religionsunterricht 11-jährige Buben. Eine der Antworten ist mir in Erinnerung geblieben: ein großer, schwarzer Bär. Als ich in der Pause mit dem Jungen kurz über seinen Vater sprach, verstand ich, warum ihm dieses Bild gekommen war. Es gibt Menschen, die nur von »Erzeuger« oder »Rabenmutter« reden können, und solche, die liebevolle Eltern erfahren haben, und auch solche, in denen sich trotz schlechter Erfahrungen ein positives Bild von Gott als Vater und Mutter aufbaute. Über die Erfahrung mit Vätern und Väterlichkeit nachzudenken ist fast unerlässlich, ist doch das Vaterunser das meistgesprochene und ökumenischste Gebet über alle Konfessionen hinweg. Und es ist auch ein Gebet, das Jesus auf die Bitte der Jünger, er solle sie beten lehren, gab. Vor allem aber ist es das Wort, mit dem Jesus »seinen Gott« angesprochen hat: Abba, lieber Vater, sprach er ihn an.

Vaterunser beten

Im Exerzitienbuch kommt das Vaterunser vielfach vor. Zunächst einmal, wenn Ignatius einlädt, am Schluss einer Gebetszeit immer auch noch das Vaterunser zu beten. Man mündet dann sozusagen in den Gebetsstrom der Kirche ein (vgl. EB 147).
Zum andern empfiehlt Ignatius neben der üblichen Gebetsweise zwei andere Umgangsformen mit dem

Vaterunser. Der Beter könne bei einem einzelnen Wort, z.B. bei »Vater« oder bei »unser«, so viel Zeit verweilen, »als er Bedeutungen, Vergleiche, Geschmack und Tröstung in zu diesem Wort gehörenden Erwägungen findet. Und in der gleichen Weise mache er es bei jedem Wort des Vaterunsers oder eines beliebigen Gebets, das er in dieser Weise beten will« (EB 252). Das Verweilen bei einer Bedeutung kann ein paar Minuten oder auch eine ganze Gebetszeit dauern.

Eine andere Weise, sich auf das Vaterunser und andere Gebete einzulassen, ist jene, in Verbindung mit dem Atem zu beten: »Bei einem jeden Atemzug oder Luftholen soll man geistig beten, indem man ein Wort des Vaterunsers oder eines anderen Gebetstextes betet. Man soll also zwischen einem Atemzug und einem anderen nur ein Wort beten und, solange die Zeit von einem Atemzug zum anderen dauert, hauptsächlich auf die Bedeutung dieses Wortes schauen oder auf die Person, zu der man das Gebet spricht ...« (EB 252). Wer dieses Gebet allein betet, kann als Name nehmen, was dem eigenen Innersten entspricht, sei es »du unser Gott«, »Vater-Mutter« o.Ä. Der 30-Tage-Papst Johannes Paul I. sprach im September 1978 in einer Angelus-Ansprache von Gott als Vater (Papa), »aber noch mehr ist er Mutter«: »E' papà; più ancora è madre.«[15]

Fruchtbar kann es auch sein, das Vaterunser einmal als eine Art Präambel des Gottesreiches zu sehen. Diese gibt Antwort auf die Frage, was es heißt, nicht mehr fremd zu sein, sondern als »Reich-Gottes-Bürger« zu leben: »Ihr seid also jetzt nicht mehr Fremde und oh ne Bürgerrecht, sondern Mitbürger der Heiligen und Hausgenossen Gottes« (Eph 2,19).

Stammesgeschichte und Gottesursprünglichkeit

Familiengeschichten

Es legt sich nahe, wenn vom Vaterunser gesprochen wird, den Blick darauf hinzuwenden, was die Eltern, was Verwandtschaft für einen selbst bedeuten. Viel vom Glück und Unglück eigenen Lebens steht in Zusammenhang damit. Unser Leben kommt von ihnen, ob jemand dafür dankbar ist oder wie Hiob den Tag seiner Empfängnis verflucht.

- Bin ich ein gewünschtes Kind oder eher in Kauf genommen? Oder weiß oder ahne ich, dass die Eltern mit dem Gedanken an Abtreibung spielten?
- Wie erlebte ich die verschiedenen Lebensphasen indirekt und von Erzählungen her: die embryonale Zeit, die Geburt, die Babyzeit, Kindheit, Schulzeit, Pubertät, Ablösungszeit und Erwachsenenzeit?
- War ich ein »braves« und leicht erziehbares Kind oder »schwierig«?
- Waren meine Eltern »schwer erziehbare Erwachsene«?
- Was habe ich von ihnen gelernt für mein Leben?
- Sehe ich, dass ich in manchem wie meine Eltern bin, obwohl ich es ja gerade anders machen wollte?
- Wann und wie und wodurch traten Veränderungen in meinen Familienbeziehungen ein?
- Was bedeutet mir die Pflegebedürftigkeit der Eltern und der »Generationenvertrag«?
- Wie erlebe ich meine Eltern als Großeltern meiner Kinder?
- Wie erlebte ich das Sterben der Eltern? Konnte meine Dankbarkeit ihren Ausdruck finden oder auch Versöhnung geschehen?

- Wie erlebe ich mich in den drei Beziehungsweisen: Ich bin Kind von … Ich bin Gatte/Gattin mit …, Ich bin Vater/Mutter für …?
- »Alleinstehend«, »Single« – was wird da wach bei meiner Sicht von mir selber?

Man kann in der Phantasie einen Spaziergang mit einer wichtigen Person machen und aussprechen, was man »immer schon einmal sagen« wollte. Und man kann auch fragend hinhören auf das Gegenüber. All dies kann Beziehung klären helfen.

Gottesursprünglichkeit und Jungfräulichkeit aller

Eine etwas ungewohnte Überschrift. Was meint sie in biblischer Perspektive? Sie erinnert an die Stammesgeschichte Jesu über 14 Generationen (Mt 1,1–7) und die Rückführung von Josef über 75 Vorfahren aus dem Stamm Davids bis auf Adam, von dem es heißt: »Adam, der stammte von Gott« (Lk 3,23). Die Gottesursprünglichkeit des Menschen und die Geschwisterlichkeit untereinander sind die große und zentrale Bewusstseinsbotschaft Jesu. Diese Sicht spiegelt sich in vielen seiner Geschichten und Worte: Sein eigener Ursprung aus Maria in der Kraft des Geistes (Lk 1,35); die Worte im Johannesevangelium von denen, »die nicht aus dem Wollen des Mannes und Begehren des Fleisches geboren sind, sondern aus Gott« (Joh 1,12f.); das Wort des Zwölfjährigen im Tempel gegenüber seinen Eltern Maria und Josef (Lk 2,41–52); seine Erklärung, seine Mutter und seine Geschwister seien jene, die im Liebeswillen Gottes leben (Mk 3,35), die Worte am Kreuz zu Maria und Johannes: »Frau, siehe dein Sohn«, und zum Jünger, »den er liebte«: »Siehe, deine Mutter« (Joh 26,27). – Die Liebe ist die beziehungsschaffende Verbundenheit und »Genetik« des Reiches Gottes.

Die Zeit ist die Schule der Liebe

»Die Operation war nicht das Schlimmste, sondern eine fast unendliche Müdigkeit, die mich danach fast schlagartig ergriff. Ich habe sie jahrelang überspielt. Was ich jetzt brauche, ist einfach Zeit!« Mit diesen für die sog. Müdigkeitsgesellschaft kennzeichnenden Worten war Zeit nicht nur in dem Sinn gemeint, dass Verwundungen Zeit für Heilung brauchen. Gemeint ist vielmehr, dass die bloße Zeit das Heilmittel ist. Der Schriftsteller Peter Handke schreibt in seinem Buch »Der Chinese des Schmerzes«, das von einem arbeitslosen Lehrer handelt: Wozu man früher »im Stande der Gnade sein« sagte, müsste es heute heißen: »Im Stande des Zeithabens sein.«[16]
Wie oft hört man »Ich habe keine Zeit« oder »unter Zeitdruck stehen«, »keine Zeit vergeuden«, »Zeit totschlagen«. Marcel Proust gibt in einem Buchtitel ein Jahrhundertthema an: »Die Suche nach der verlorenen Zeit«. Es scheint, dass man die Zeit verlieren und suchen kann. Der Theologe Hans Urs von Balthasar formulierte einmal: »Die Zeit ist die Schule der Liebe.« Was heißt es wohl, in die Schule der Zeit zu gehen? Wohl zuerst, dass das Dasein als geschenkte Lebenszeit und nicht nur wirtschaftlich verstanden wird als »Zeit ist Geld«. Mit der Zeit gut umzugehen kann heißen, sich die Sicht von Augustinus anzueignen: »Die Zeit ist die Ausdehnung der Seele« (»tempus est extensio animae«).
Wie der Raum drei Dimensionen hat und Körper dreidimensional sind, hat die Zeit die drei Dimensio-

nen, die wir Vergangenheit, Gegenwart und Zukunft nennen. Alle drei nähren sich gegenseitig voneinander. Erinnerung, Ehrlichkeit, Dankbarkeit, Staunen, Reue, Geduld, Präsenz, Korrekturbereitschaft, Hoffnung gehören zu Beziehung, zu Zeitlichkeit.
Worauf jemand in seinem Nachsinnen Zeit verwendet, muss sich jeweils nach Situation, Bedürfnis und Möglichkeiten richten: den Tag nicht gehetzt beginnen, einen Terminkalender nicht von vornherein auf die Minute ausfüllen, sich Bedenkzeit erbitten, den Sinn von Sonntag neu entdecken, Urlaubszeiten nicht mit lauter Events vollpflastern usw. – Sich immer wieder einmal Zeit für die Zeit und ihre Gestaltung zu nehmen dürfte eine gut verwendete Zeit sein. Die Besinnung auf biblische Stellen kann den Horizont weiten von »Jetzt ist die Zeit!« bis zu dem Gleichniswort Jesu, dass das Reich Gottes wächst, auch wenn wir schlafen.

Zeit zum Aufatmen – Pausenkultur

Tage, an denen eine Aufgabe die andere jagt, sind auf die Dauer wie ein Zug ohne Stoßdämpfer, wie ein Rückgrat ohne Knorpelscheiben. Es lohnt sich, eine Pausenkultur zu entwickeln. Es gibt bzw. gäbe so viele Pausen und Päuschen in unserem Leben: beim Aufwachen … unterwegs in der Straßenbahn … beim Gang zum Kopierraum … die Viertelminute zwischen zwei Telefonaten … das kurze Gespräch mit mir selber … die fünf Minuten auf einer Parkbank oder in einer Kirche auf dem Heimweg ... Wer sucht, der findet und hat Zeit für die Zeit.

Die Liebe lebt vom Kommunizieren

Bei einer meiner ersten Hochzeitspredigten kam mir der Gedanke, alles Entscheidende über das Wunder und die Kunst des Liebens sei in der Eucharistie gesagt. Dies kann beim intensiven Mitfeiern erfahren werden, aber auch in Meditationen vertieft und im alltäglichen Begegnen ausgelebt werden. Wer die ignatianischen Exerzitien und die Eucharistie kennt, wird unschwer die Parallelen der beiden Wege erkennen.[17]

Die Liebe lebt von der Achtung des Geheimnisses

Eucharistie ist ein Sakrament, ist geheimnisvolles Geschehen, wie es bei der Wandlung heißt: »Geheimnis des Glaubens.« – Davon lebt jede menschliche Beziehung: Wir sind und bleiben uns immer Geheimnis; Achtung und Respekt wahren die oft beschworene »unantastbare« Würde des Menschen, die so oft nicht nur angetastet, sondern zertreten wird.

Die Liebe lebt vom Loben und Danken

Die aus dem Griechischen kommende Bezeichnung Eucharistie besagt einfachhin: Lob- und Dankfeier. Viele Messgebete sind Ausdruck von Dankbarkeit. – Ignatius schreibt, dass die Quelle alles Guten die Pflege der Dankbarkeit sei. Jede Eucharistie lädt ein, die Dankbarkeit zu einer Grundhaltung werden zu lassen.

Die Liebe lebt von der Versöhnung

Fast überdeutlich wird die Notwendigkeit und Einladung zur Versöhnung: Schon im anfänglichen Umkehr-Ritus, in vielen Bitten um Vergebung, in biblischen Sünden- und Versöhnungsgeschichten, in der Einladung zum Friedensgruß. Bitte um Entschuldigung kann Versöhnungswunder wirken.

Die Liebe lebt vom Gespräch

»Wortgottesdienst« wird ein ganzer Teil der Messe genannt mit all den Lesungen; in allen Gebeten, im »Amen der Gemeinde«, in den Fürbitten kommt Hören und Antworten zum Ausdruck. – Wovon lebt Beziehung mehr als von der Kultur von Hören und Reden? Jede Ehetherapie setzt dort an. Beziehung heißt, miteinander im Gespräch zu sein. »Seit ein Gespräch wir sind … bald aber sind wir Gesang«, so der Dichter Friedrich Hölderlin.

Die Liebe lebt vom Empfangen und Geben

Auch hierauf weist ein ganzer Teil der Eucharistie hin: der ganze Opfergottesdienst. Er bedeutet den Doppelrhythmus allen Lebens – Empfangen und Geben. So Ignatius: »Die Liebe besteht im Mitteilen von beiden Seiten.« Auch auf gesellschaftlicher Ebene gilt: »Teilung wird überwunden nur durch Teilen« (Lothar de Maizière).

Die Liebe lebt von Wachstum und Wandlung

Das Wandlungsgeschehen macht darauf aufmerksam, dass die Liebe Gottes in Christus nicht irgendwie und irgendwo präsent ist, sondern leibhaftig, mit Fleisch und Blut – »im Heiligen Geist«; Letzteres betont Paulus, wenn er schreibt, wie der fortlebende Christus gegenwärtig ist. Wandlung ist im menschlichen Leben nicht irgendein vereinzelter magischer Punkt, sondern das ganze Leben ist Wachsen und Werden, Wandlung und Bereitschaft dazu – auch in jeder menschlichen Beziehung. Fassen und Lassen machen freies Leben aus.

Die Liebe lebt vom Einswerden

Es gibt im menschlichen Leben zwei besonders entscheidende und lebenstragende biologische Vorgänge: die Zeugung und die Ernährung. Aus der Vereinigung von Mann und Frau kommt Leben zum Leben und durch Nahrung wird Leben am Leben erhalten. In der Kommunion, im Kommunizieren wird sozusagen leibnah Einswerdung von Nahrung und Ernährtem erlebt. Wir leben voneinander, das ist die Botschaft.

Die Liebe lebt von Dienst und Sendung

Die Eucharistie endet mit dem Segen, und der bedeutet: Die Verlebendigung, die man feiern und erfahren darf, soll an andere weitergegeben werden. Liebe lebt nicht nur im Kreisen um sich, sondern immer auch davon, sich für andere zu öffnen. Wir sind gesegnet, um Segen zu sein.

Die Liebe lebt vom Üben

Diese Einsicht hat besonders der Psychologe Erich Fromm in seinem Buch »Von der Kunst des Liebens« deutlich gemacht. Die Liebe braucht vieles, wie Aufmerksamkeit, Geduld, das Lernen aus Fehlern und Erfahrungen, und in und bei all dem muss geübt werden. Dies lehrt auch die Eucharistie. Sie ist nicht ein einmaliger sonntäglicher Akt im Leben eines Christen, sondern sie gehört als Ritus zum festen Rhythmus christlichen Lebens. Eucharistie, so verstanden, ist damit eine ständige Feier, Ermutigung und Einübung in die Kunst des Liebens. Christlich leben heißt, eucharistisch die Messe des Lebens zu feiern.

Vom ganzen Leben

Eine Frau, der ich vom Entstehen und Werden dieses Büchleins schrieb, antwortete mir aus ihrer eigenen Lebens- und Glaubenserfahrung heraus. Die wechselseitige Beziehung von Leben und Exerzitien könnte kaum klarer und konkreter formuliert werden: »Ja, das ganze Leben ist Exerzitienprozess und Exerzitien helfen leben, aber eben nur, wenn ich den Prozess auch durchlaufe; wenn ich gehe, weitergehe, nicht nur darüber nachdenke, sondern auch umsetze und tue. Das kann man als Arbeit, Selbstreflexion, Prioritätenänderung, Paradigmenwechsel, Gnade, Sanftmut, Sanftheit etc. beschreiben, bis mich die Liebe Gottes ergreift und ich mich von ihr aufsaugen lasse. Aber der Prozess bedingt auch Ohnmacht, Hilflosigkeit, Tränen, Trauer, Wut, Enttäuschung, Resignation und Schritte rückwärts. Er muss (!) deshalb im Fluss bleiben; der Exerzitienprozess, er braucht Vorbilder und Begleiter, um zu einem Ziel, sei es noch so ein kleines Zwischenziel, zu kommen. Und von einem Ziel zum nächsten, weil es sich lohnt, weil Gott sich uns schenkt. Aber wie viele Katholiken – so wie ich – haben diese Möglichkeit? Ein Exerzitienprozess müsste das Normalste vom Normalen im Christentum sein.« Das ganze Leben ist ein geistlicher Weg und Exerzitien haben ihren Sinn darin, dass sie Hilfe sind zum Leben und Wegweisung zu dem hin, der sagt: »Ich bin Weg und Wahrheit und Leben« (Joh 14,6).

Anmerkungen

[1] Der Text ist dem Eintrag des Wochentagsschotts für das Fest des hl. Bonaventura (15. Juli) entnommen.

[2] Damiano Modena, Carlo Maria Martini. Wenn das Wort verstummt. Übersetzt von Stefan Liesenfeld, München 2014, 115f.

[3] Vgl. Carlo M. Martini, Dein Stab hat mich geführt, Freiburg i. Br. 1981, 88–91.

[4] Johannes Bours, Da fragte Jesus ihn. Schritte geistlicher Einübung in die Jesusnachfolge, Freiburg i. Br. 2003.

[5] Williamson, Marianne, Rückkehr zur Liebe. Harmonie, Lebenssinn und Glück durch »Ein Kurs in Wundern«, München 2016, Kap. 7, Abschn. 3.

[6] Dekrete der 35. Generalkongregation der Gesellschaft Jesu, herausgegeben im Namen der Deutschen, Österreichischen und Schweizer Provinz der Jesuiten, München 2008, 161.

[7] Augustinus, De doctrina christiana, I, 36.

[8] Eugen Roth, Eugen Roth für Lebenskünstler. Heitere Verse mit farbigen Illustrationen von Hans Traxler. München/Wien 1995.

[9] Augustinus, Confessiones VIII, 12,28f.

[10] Vgl. Willi Lambert, Gotteskontakt. Leben und beten mit den Exerzitien des Ignatius von Loyola (Ignatianische Impulse 64), Würzburg 2014.

[11] Nadal, Über die Gnade des Gebetes in der Gesellschaft Jesu, in: Mitteilungen aus den deutschen Provinzen Nr. 103 (1935), 403–411, hier: 409.

[12] Augustinus, De civitate dei, IV, 4, 1. Zitiert in: Papst Benedikt XVI., Rede vor dem Deutschen Bundestag am 22. September 2011. Online unter: https://www.bundestag.de/parlament/geschichte/gastredner/benedict/rede-250244

[13] Alfred Delp, Gesammelte Schriften Bd. 4: Aus dem Gefängnis. Hg. von Roman Bleistein, Frankfurt am Main 1984, 236.

[14] Zitiert aus einem Wort zum Sonntag im WDR. Nachzulesen unter: https://www.kirche-im-swr.de/?page=beitraege&id=678.

[15] Die Ansprache ist auf den Seiten des Vatikans zugänglich: http://www.vatican.va/content/john-paul-i/it/angelus/documents/hf_jp-i_ang_10091978.html.

[16] Peter Handke, Der Chinese des Schmerzes, Frankfurt am Main 1983, 40.

[17] Vgl. hierzu: Franziskus Eisenbach, Eucharistie und Exerzitienweg. Das Leben feiern und gestalten (Ignatianische Impulse 69), Würzburg 2015.

Bände aus der Reihe »Ignatianische Impulse«, die Themen des Exerzitienweges besonders aufgreifen:

Band 1: Willi Lambert, **Das siebenfache Ja**
Band 2: Stefan Kiechle, **Entscheiden**
Band 7: Karl Frielingsdorf, **Gottesbilder**
Band 11: Willi Lambert, **Wovon die Liebe lebt**
Band 15: Ignatius von Loyola, **In allem – Gott**
Band 18: Christian Herwartz, **Auf nackten Sohlen**
Band 22: Peter Balleis, **Leidenschaft für die Welt**
Band 30: Elmar Mitterstieler, **Den verschwundenen Flüssen nachgehen**
Band 33: Vitus Seibel, **Was bedeutet dir Jesus Christus?**
Band 40: Ursula Dirmeier, **Nicht Furcht sondern Liebe**
Band 44: Medard Kehl, **Mit der Kirche fühlen**
Band 47: Stefan Kiechle, **Warum leiden?**
Band 50: Willi Lambert (Hg.), **Von Ignatius inspiriert**
Band 57: Cordula und Ottmar Leidner, **Ein hörendes Herz**
Band 58: Hans Schaller, **Wachsen im Gebet**
Band 64: Willi Lambert, **Gotteskontakt**
Band 68: Vitus Seibel, **Wie betest du?**
Band 69: Franziskus Eisenbach, **Eucharistie und Exerzitienweg**
Band 71: Theres Spirig-Huber / Karl Graf, **Ich werde, also bin ich**
Band 76: Klaus Vechtel, **Maria – Gott suchen und finden**
Band 78: Joachim Hartmann/Annette Clara Unkelhäußer, **Freude an Gott**
Band 80: Vitus Seibel, **Wer ist dein Gott?**
Band 84: Anke Handrock / Christoph Soyer, **Vergeben**
Band 86: Willi Lambert, **Ich – Du – Wir**
Band 88: Philipp Müller, **Die Kunst zu trösten**

Von Willi Lambert sind zum Thema Exerzitien ebenfalls erschienen:
»**Aus Liebe zur Wirklichkeit.** Grundworte ignatianischer Spiritualität« und »**Gott umarmt uns durch die Wirklichkeit**«.